ADAC

# Berlin

von Martina Miethig



**10 ADAC Top Tipps**

Das müssen Sie gesehen haben! Die zehn Top Tipps bringen Sie zu den absoluten Highlights.

**25 ADAC Empfehlungen**

Unterwegs gut beraten: Diese 25 ausgesuchten Empfehlungen machen Ihren Urlaub perfekt.

**Preise für ein DZ mit Frühstück:**

€ | bis 80 €
€€ | bis 150 €
€€€ | ab 150 €

**Preise für ein Hauptgericht:**

€ | bis 15 €
€€ | bis 25 €
€€€ | ab 25 €

## Intro



## ADAC Quickfinder



*Hier finden Sie die Orte, Sehenswürdigkeiten und Attraktionen, die perfekt zu Ihnen passen.*

## Unterwegs

# Service



*Alle wichtigen reisepraktischen Informationen – von der Anreise über Notrufnummern bis hin zu den Zollbestimmungen.*



## Umschlag:

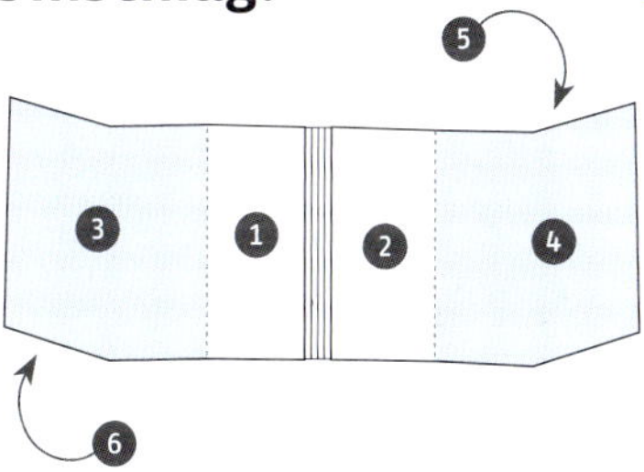


**ADAC Top Tipps:** Vordere Umschlagklappe, innen 1
**ADAC Empfehlungen:** Hintere Umschlagklappe, innen 2

**Übersichtskarte Innenstadt:** Vordere Umschlagklappe, innen 3
**Übersichtskarte Stadtgebiet:** Hintere Umschlagklappe, innen 4
**Verkehrslinienplan:** Hintere Umschlagklappe, außen 5
**Ein Tag in Berlin:** Vordere Umschlagklappe, außen 6

# Eine fabelhafte Hauptstadt, die stets im Wandel ist

*Die glorreiche Renaissance einer jungen Wilden – von der Mauerstadt zum angesagten Hotspot*

*Entspanntes Beisammenensein in der Abendsonne mit Blick auf die Museumsinsel*

Berlin boomt – 13,5 Mio. Touristen pro Jahr können nicht irren. »Berlin, du bist so wunderbar«, »arm, aber sexy«, die viel besungene »Berliner Luft« oder »der Koffer in Berlin«, die Techno-Hauptstadt Europas oder Weltmetropole der Urban-Street-Art – den Berlinern mangelt es wahrlich nicht an Selbstvertrauen, da können noch so viele Flughäfen nicht fertig werden!

Dabei hatte auch hier alles ganz klein angefangen: Berlin war nie eine einzige Stadt. Schon lange vor der urkundlich ersten Erwähnung der Doppelstadt Cölln (1237) und Berlin (1244) gab es Köpenick und Spandau jwd (sprich: jottweedee, also »janz weit draußen«), außerdem das alte Rixdorf, Schmargendorf und Reinickendorf. Und so ist es heute noch: Berlin besteht nicht nur aus zwölf Bezirken, es sind viele kleine

Kieze, von denen einige bis heute mit dörflichem Charakter bezaubern und die 3,7 Mio. Einwohner aus 190 Nationen beherbergen.

## Berliner Lebensart: leben und leben lassen

Dass Berlin auf den dritten Platz im Europa-Ranking der Reiseziele hinter

Paris und London vorgerückt ist und in einem Atemzug mit New York genannt wird, nimmt der echte (weil hier geborene) Berliner gelassen bis skeptisch zur Kenntnis – denn es bringt nicht nur Vorteile und zahlende Hotelgäste, sondern auch Immobilienspekulanten und Verdrängung durch rasant steigende Mieten mit sich. Ebenso pflegt man mit Promis und Weltstars einen betont lässig-toleranten Umgang: Wo sonst könnten Schauspieler wie Tom Hanks, Brad Pitt, Angelina Jolie oder Demi Moore in aller Ruhe und Öffentlichkeit ihren Kaffee austrinken und Angela Merkel an der Supermarktkasse anstehen?!

Das geschichtsträchtige Pflaster zieht Hollywood und Filmteams aus aller Welt an, kein Tag scheint zu vergehen, an dem nicht ein Spionage-Thriller aus dem Kalten Krieg vor Westberliner 1980er-Kulisse gedreht wird oder ein Nazi-Holocaust-Drama im einst jüdischen Scheunenviertel. Oder sogar ganze US-Serien. Was wiederum zum allseits beliebten Meckern anregt:

*Stilles Gedenken am Holocaust-Mahnmal (unten) – Einst Symbol der Teilung: die Oberbaumbrücke (ganz unten)*

*East Side Gallery: zeitgenössische Kunst auf 1300 m (oben) – Currywurst: vom Imbiss zum Kulturgut (Mitte) – Paradiesvögel beim Karneval der Kulturen (unten)*

Straßensperrungen wegen Dreh- oder Bauarbeiten, wegen Demos, Staatsbesuch oder Karneval der Kulturen sind an der Tagesordnung.

Im Sprücheklopfen sind die Berliner Spitze, oft verpackt mit einem Schuss Galgenhumor und Verballhornungen historischer Zitate (wie das vom DDR-Staatsratsvorsitzenden Walter Ulbricht zum Mauerbau, nur in Gegenwartsform: »Niemand hat die Absicht, einen Flughafen zu errichten!«).

Doch seit dem Bauboom in der mauerfreien Stadt hat sich die berüchtigte Berliner Schnauze gewandelt. Im Prenzlauer Berg fragt niemand mehr beim Bäcker nach Schrippen – sondern nach Wecken, Semmeln oder Brötchen. In der U-Bahn wird geschwäbelt, gebabbelt und gesächselt, und nicht selten vermischen sich Hochdeutsch, Berlinerisch und Türkisch ganz multi-kultig in einem einzigen Satz, wenn sich die »Gastarbeiter«-Enkel unterhalten.

## Qual der Wahl: ein Highlight nach dem anderen

So erlebt nun auch die alte City West eine Art Renaissance: Rund um den einst verrufenen Bahnhof Zoo vertreibt neuerdings frischer Wind den alten Muff – Waldorf Astoria im Zoofenster und das Upper West-Hochhaus, C/O Berlin Galerie, Bikini-Haus – und die Preise steigen …

Berlin-Mitte mit der alten Doppelstadt Berlin-Cölln zieht die meisten Touristen an – und das zu Recht: Brandenburger Tor, Reichstag, Pergamonmuseum, Fernsehturm! Dabei ist das Kulturangebot Weltklasse und über die ganze Stadt verteilt: rund 175 (!) Museen von Technik und Spionage über DDR bis hin zu Abseitigem. Wo sonst kann man den Philharmonikern lauschen und hinterher noch in die Spätvorstellung des Quatsch Comedy Clubs gehen? Nach den Kulturschätzen auf der Museumsinsel oder den Meisterwerken Picassos und Warhols im Kulturforum noch zu einer Street-art-Performance? Den einen Abend in einem der drei Opernhäuser genießen und am nächsten Abend ins Improvisationstheater zum Mitmachen? Oder doch lieber zu den bekannten Boulevard-Größen am Ku'damm? Es locken unzählige Vernissagen und Lesungen, Varieté, Musicals und Konzerte. Ganz zu schweigen vom

> ***Ihr Völker der Welt!
> Ihr Völker in Amerika,
> in England, in Frankreich,
> in Italien!
> Schaut auf diese Stadt!***
>
> *Ernst Reuter, erster Oberbürgermeister der drei Westsektoren, am 9. September 1948 anlässlich der Blockade*

*Das gewaltige Dach des Sony Centers wird bei Dunkelheit bunt beleuchtet*

ausgiebigen Nachtleben – dessen »Geheimtipps« so rasch wechseln wie Ampelphasen. Bahnbrechend war und ist dagegen die Architektur mit Bauherren von Weltrang wie Le Corbusier, Walter Gropius, Daniel Libeskind und Renzo Piano: etwa die futuristisch-exzentrische Stadt in der Stadt am Potsdamer Platz, der gläserne Hauptbahnhof, das Botschaftsviertel oder auch die älteren UNESCO-gekürten Wohnsiedlungen der Moderne wie die Hufeisensiedlung in Britz, die IBA-Bauten wie das Hansaviertel oder am Lützowplatz.

## Stadt der Gegensätze

Die berlintypischen »exotischen« Kontraste liegen oft nur ein paar Schritte voneinander entfernt: Imbissbuden und Michelin-Sterne-Restaurants. Eckkneipen-»Milljöh« und schicke Nachtclubs (Türsteher!). Berlinale-Glamour und Straßenstrich. Hochherrschaftliche Adelspalais und Plattenbauten. Großbaustellen und weite Parks und Wälder. Abseits der Flaniermeilen Ku'damm und Unter den Linden und der Vorzeigeecken der Jungen, Wilden und Kreativen entpuppt sich der großstädtische Rest nicht selten als eine Mixtur aus »Spätis«, Videotheken, Kebab-Läden, vietnamesischen Nagelstudios und zugemüllten Hinterhöfen. Ooch dit is Berlin.

Doch davon bekommt der Fahrgast auf einem Ausflugsdampfer glücklicherweise wenig mit: Gemütlich schippert man vorbei an Schloss Charlottenburg, Reichstag und Kanzleramt, Friedrichstraße, Bode-Museum, den Mauerresten mit der East Side Gallery, Warschauer Brücke und Treptower

*Historisch neben modern: das Regierungsviertel*

Park. Billiger geht's mit dem 100er-Bus, ab Zoo durch den Tiergarten vorbei an Aquarium, Schloss Bellevue, Staatsoper und dem Berliner Dom bis zum Alexanderplatz.

Die Palette der Unterkünfte ist so vielfältig und bunt wie Berlin selbst, für jede Geldbörse ist das Passende dabei, ob Doppelstockbett im Hostel, charmantes Zimmerchen oder kleine Villa.

Berlin ist zweifellos internationaler und aufregender geworden, auch Taschendiebbanden fühlen sich hier wie zu Hause. Doch solange die Berliner Polizei ihren 50 000 Followern noch Folgendes twittert, besteht kein Grund zur Panik: »Oma mit Rollator und Krückstock schlägt in #Neukölln auf zu lauten Lkw und geht anschließend einkoofen, #ditisberlin, #24hPolizei« …

***Fläche*** *892 km²*
*(Ost-West-Ausdehnung: 45 km, Nord-Süd-Ausdehnung: 38 km, Länge der Stadtgrenzen: 234 km)*

***Grüne (Wasser-) Stadt*** *ca. 2500 Park- und Grünanlagen, Kolonien, Friedhöfe (13 %), Wald (18,4 %), 5 Flüsse, 4 Kanäle (mit Seen: 6,7 %)*

***Einwohner*** *3,7 Mio., im Ballungsgebiet 6 Mio.*

***Tourismus*** *ca. 13,5 Mio. Besucher und über 35 Mio. Übernachtungen bei einer Bettenkapazität von rund 140 000*

***Bezirke*** *Charlottenburg-Wilmersdorf, Friedrichshain-Kreuzberg, Lichtenberg, Marzahn-Hellersdorf, Mitte, Neukölln, Pankow, Reinickendorf, Spandau, Steglitz-Zehlendorf, Tempelhof-Schöneberg und Treptow-Köpenick*

***Oft gehörte Redewendungen***
*Da kiekste wa!*
*Von nüscht kommt nüscht!*
*Ick gloob, mir laust der Affe!*

***Berühmte Berlinerinnen***
*Die Goldelse, also die Figur auf der Siegessäule; Marlene Dietrich*

***Das lieben alle Berliner***
*Eck-Kneipen, Spätis, Pfannkuchen (die süß gefüllten Faschings- und Silvesterkrapfen – also nicht »Berliner«!)*

# Das will ich erleben

Der typische Berlin-Tourist verbringt im statistischen Durchschnitt nicht einmal drei volle Tage in der Stadt. Und wie schafft man dann das Mammutprogramm aus Museen von Weltrang, geschichtsträchtigen Schauplätzen und spektakulären Bauwerken? Nicht zu vergessen: die Gourmetlokale und Konsumtempel, die Flaniermeilen, die Theater und Shows! Immerhin bieten sich einige grüne Oasen und idyllische Rückzugsorte zum Kraftschöpfen zwischendurch an. Man muss sich wohl oder übel und schweren Herzens entscheiden – oder einfach immer wiederkommen!

## Hochkulturen und alte Meister

Einfach Weltklasse sind die Schätze der Berliner Museen: etwa auf der Museumsinsel, ein UNESCO-Weltkulturerbe, wo man gar nicht weiß, was man zuerst anschauen soll. Glanz und Gloria der alten preußischen Könige lassen sich auch in Potsdams Sanssouci erleben.

## Tanz, Musik und moderner Zirkus

Schon vor hundert Jahren vergnügte sich die Berliner Boheme bei Revuetanz und in Varieté-Theatern. Und neben den Shows mit Künstlern aus aller Welt sorgen auch die Spielstätten für Staunen, zum Beispiel historische Ballsäle wie das Chamäleon oder Zelte wie das TIPI.

## Luftholen im Großstadttrubel

Die zahlreichen grünen Oasen in Berlin liegen meist gleich um die Ecke. Hier kann man spazieren entlang von Denkmälern, Brunnen oder Pagoden, sonnenbaden, grillen, jonglieren oder einfach nur die Seele baumeln lassen.

## Trends und Szene: Wo der Bär steppt

So schnell kann man gar nicht schauen, wie sich manche Straßenzüge in »Szene«-Meilen verwandeln. Eher gediegen-touristisch geht es am Kollwitzplatz zu, während der jung gebliebene Bär neuerdings in Nord-Neukölln steppt: hip, kreativ und international.

## Verlockungen auf Schritt und Tritt

Märkte, Boutiquen, Designerläden, Einkaufspassagen oder Concept Mall – in Berlin hat man ständig die Qual der Wahl. Ob es nun ein typisches Berlin-Mitbringsel oder ein T-Shirt ist, ein edler Duft oder ein schickes Kostüm – manch einer muss sich vor der Rückreise sogar noch einen Extrakoffer kaufen ...

## Schöner speisen

Legen Sie beim Restaurantbesuch nicht nur Wert darauf, was auf den Teller kommt, sondern schätzen auch ein besonderes Ambiente? Dann steigen Sie doch mal hoch hinauf, fahren raus ins Grüne oder genießen anspruchsvolle Küche in einem ehemaligen Umspannwerk.

## Deutsche Geschichte begreifen

Nirgendwo in Deutschland kann man die nationale Geschichte so hautnah und spannend erleben wie in der Hauptstadt – ob Kriegsschauplätze oder Königsschlösser, Mauerbau oder die Wiedervereinigung.

## Höhepunkte der Baukunst

In Berlin erheben sich einige einzigartige Bauwerke, spektakulär wie das Jüdische Museum oder der imposante Hauptbahnhof. Lebendige Bauhistorie des 20. Jh. vermittelt das Bauhaus-Archiv.

## Mahnen und Erinnern

Kein anderer Ort Deutschlands ist so sehr mit den unmenschlichen Verbrechen der Nazis im Zweiten Weltkrieg verbunden. Die Stadt war aber auch Schaltstelle der Macht unter der DDR-Regierung – zwei Unrechtssysteme, an die erinnert wird.

## Museumsspaß für die ganze Familie

Ein Museumsbesuch kann wirklich spannend sein. Vor allem dann, wenn man wie im Deutschen Technikmuseum die gezeigte Schätze ausprobieren und anfassen darf oder im Museum für Naturkunde die faszinierende Welt der Dinosaurier hautnah erleben kann.

## Oasen der Ruhe

Berlin ist voll, laut und trubelig. Aber manchmal muss man nur durch eine Hofeinfahrt oder eine kleine Parallelstraße gehen – und wohltuende Stille »bricht« aus. Und dann gibt es noch Orte der Besinnung und Ruhe, wo man sie am wenigsten erwartet.

# Unterwegs

*Berlin ist einzigartig: Denkmäler und Museen erzählen von der bewegten Vergangenheit, aufregende Architektur steht für die Moderne, und dazwischen jede Menge Kultur und Lebensart.*

# Vom Reichstag zum Alex

*Hier bummelt man im Herzen der Stadt und dem Ostteil von Berlin-Cölln und staunt über preußischen Prunk und Ostberliner DDR-Flair*

Und wenn man nur einen einzigen Tag in Berlin verbringt, hier kommt keiner dran vorbei: Von anno dazumal bis in die spannende Gegenwart wandelt der Besucher auf historischem Pflaster. Nicht weit entfernt von den alten Prachtbauten der Preußenkönige entlang der Flaniermeile Unter den Linden mit Adelspalais und Opernhaus befindet sich heute das Regierungsviertel. Ein Besuch im geschichtsträchtigen Reichstagsgebäude mit Blick in den Plenarsaal des Bundestages gehört ebenso zum Standardprogramm wie einmal durchs Brandenburger Tor zu schlendern.

## In diesem Kapitel:



## ADAC Top Tipps:

**1** **Reichstag**
| Bauwerk |
Wer den Spiralgang in der Kuppel nicht entlangflaniert und in den Plenarsaal des Bundestages hinabsieht, war eigentlich nicht in Berlin. ......... 18

**2** **Brandenburger Tor**
| Bauwerk |
Am Pariser Platz stehen neben dem Wahrzeichen der Stadt auch viele geschichtsträchtige und repräsentative Bauten. ........ 20

**3** **Holocaust-Mahnmal**
| Bauwerk |
Ein Labyrinth aus 2711 Betonstelen gedenkt der 6 Mio. Juden, die Opfer des Holocaust wurden. ........ 22

**4** **Gendarmenmarkt**
| Platz |
Der Bilderbuchplatz punktet mit dem Französischen und dem Deutschen Dom. Lauschen Sie dem Glockenspiel

zur vollen Stunde oder dem Konzerthausorchester am Abend. ................ 26

5 **Museumsinsel**
| Museumskomplex |
Ob Götter und Giganten im Pergamonmuseum, die bedeutenden Klassiker in der Alten Nationalgalerie oder die Antikensammlungen – hier sind einige der kostbarsten Kunstschätze der Welt versammelt. ........................ 32

6 **Fernsehturm**
| Aussichtspunkt |
Hier präsentiert sich Berlin aus 200 m Höhe – eine Drehplattform sorgt für das »Rundumerlebnis«. .................... 41

## ADAC Empfehlungen:

1 **Käfer**
| Restaurant |
»Wenn schon, denn schon«, sagt der Berliner. Die Preise sind hoch, aber wo sonst in der Welt kann man in einem Parlamentsgebäude speisen? ................................................ 19

2 **Deutsches Historisches Museum (DHM)**
| Museum |
Deutsche Geschichte erleben Groß und Klein hier sogar mit speziellem Familien- und Kinderprogramm. ...... 25

3 **Berlin leuchtet und Festival of Lights**
| Lichtspektakel |
Hunderte, vornehmlich historische Gebäude erstrahlen in neuem Glanz, wenn internationale Lichtkünstler im Oktober ans Werk gehen. ................. 26

4 **Asisi Panorama – Die Mauer**
| 360°-Gemälde |
Eine Zeitreise mit Mauer-Feeling erlebt man hier in einer Foto-Sound-Installation. ........................................... 30

5 **Park Inn by Radisson**
| Hotel |
Hier wohnt man hoch über der Stadt mit Top-Aussicht und nutzt die Lage als hervorragenden Ausgangspunkt für viele Sehenswürdigkeiten. ......... 45

*Hier kann man den Abgeordneten sprichwörtlich aufs Dach steigen*

## 1 Reichstag

1 *Ein symbolträchtiger Bau und Sitz des deutschen Bundestages*

■ S1 Brandenburger Tor, U55 Bundestag
■ Platz der Republik 1, Tel. 030/22732152, www.bundestag.de, Eintritt frei, Kuppel: tgl. 8–24 Uhr, letzter Einlass 21.45 Uhr (Kuppelbesichtigung nach schriftlicher Anmeldung per Fax 030/22736436, Post oder unter www.bundestag.de. Bei freien Kapazitäten gibt es personengebundene Tickets für die folgenden zwei Tage gegen persönliche Ausweisvorlage bei der Außenstelle des Besucherdienstes neben dem Berlin-Pavillon an der Südseite der Scheidemannstraße; tgl. Führungen und Besuche von Plenarsitzungen etc.).

Der Reichstag am Platz der Republik steht für die bedeutendsten Ereignisse in der deutschen Geschichte: Von einem Fenster des 1884–94 nach Plänen von Paul Wallot im Stil der Neorenaissance erbauten Parlamentsgebäudes rief der Sozialdemokrat Philipp Scheidemann am 9. November 1918 die Deutsche Republik aus, bis 1933 tagte in dem Gebäude das Parlament der Weimarer Republik. Verheerend war der Reichstagsbrand in der Nacht vom 27. auf den 28. Februar 1933, politisch mehr als baulich. Denn nach dem Anschlag setzte Adolf Hitler sein Ermächtigungsgesetz durch, das den Weg zur Alleinherrschaft der Nazis frei machte. Den Untergang des nationalsozialistischen Dritten Reiches und das Ende des Zweiten Weltkriegs markierte das Hissen der Roten Fahne auf dem Parlamentsgebäude durch siegreiche russische Soldaten am 30. April 1945.
Der ab 1973 restaurierte Reichstag auf Westberliner Gebiet diente schließlich mit Plenarsaal für Fraktionstagungen und Bundestagsausschüsse. Zur deutschen Wiedervereinigungsfeier am 3. Oktober 1990 bot er eine würdige Kulisse, spektakulär dagegen die Kunstaktion »Verhüllter Reichstag« von Christo und Jeanne-Claude im Sommer 1995.

Kaum waren die Stoffbahnen gefallen, verbargen Baugerüste das Gebäude. Nach Plänen des britischen Architekten Sir Norman Foster wurde es 1996–99 zum Sitz des Deutschen Bundestages ausgebaut mit weltweit berühmten Wahrzeichen. Eines davon: die neue, begehbare Glaskuppel. Zwei spiralförmige Rampen führen hier zur Aussichtsplattform in 40 m Höhe. Auf dem Weg kann man auch in den Plenarsaal des Bundestages blicken. Von der Dachterrasse bieten sich ebenfalls unvergessliche Panoramen.

### Sehenswert

**Regierungsviertel**
| Bauwerk |
Am Spreebogen, in nächster Nachbarschaft zum Reichstag und mit ihm durch ein Tunnelsystem verbunden, erstrecken sich heute die wichtigsten Regierungsgebäude mit einer monumentalen Architektur. Mit viel Glas an Fassaden, Galerien und Hallen soll das demokratische Prinzip von Transparenz und Öffentlichkeit in der Architektur verdeutlicht werden. Im nördlich des Reichstags gelegenen Paul-Löbe-Haus (1997–2001, Stephan Braunfels) im Spreebogen sind Abgeordnetenbüros und Sitzungssäle untergebracht. Die hier über die Spree führende doppelstöckige Brücke ist mit dem Marie-Elisabeth-Lüders-Haus (1998–2002, ebenfalls Braunfels) verbunden, das z. B. die Parlamentsbibliothek sowie eine Kunstausstellung beherbergt. Die Idee des verbindenden Bandes dieser Bauwerke lässt sich bei einer Schiffsfahrt auf der Spree sehr gut erkennen.
Ebenfalls in Blickweite des Reichstags thront das Kanzleramt (1997–2001, Axel Schultes und Charlotte Franke) am Spreebogen. Das zentrale, 36 m hohe Hauptgebäude mit Kanzlerbüros, Kabinett- und Konferenzsälen wird von zwei Büroflügeln flankiert. Das Foyer des Hauptgebäudes öffnet sich auf den für Staatsempfänge genutzten Ehrenhof, an der Rückseite liegen der Kanzlergarten und der über eine Spreebrücke erreichbare Kanzlerpark am Moabiter Werder.

### P Parken

Am besten am Haus der Kulturen der Welt, gegenüber vom Bundeskanzleramt, **John-Foster-Dulles-Allee**.

### Restaurants

€–€€ | **Populär** In dem Selbstbedienungs-Lokal kann man draußen unter Bäumen die Reichstags-Wartezeit bei schnellen und günstigen Speisen verbringen. ■ Scheidemannstr. 1 (Berlin-Pavillon), Tel. 030/20 65 47 37, www.berlin-pavillon.de, tgl. 8–20 Uhr

1 €€€ | **Käfer** Das Dachgartenrestaurant krönt den Bundestag mit allerlei kulinarischen Genüssen. ■ Platz der Republik, Bundestag, www.feinkost-kaefer.de, Tel. 030/22 62 99 33 (Reservierung telefonisch oder per E-Mail, am besten einige Tage im Voraus!), tgl. 9–17 und 19–24 Uhr

## ADAC Wussten Sie schon?

Nirgendwo sonst in der Welt lässt eine Regierung ihre Bevölkerung so nah »ran«: Das **Dachlokal** (s. o.) ist weltweit das einzige Restaurant für »Normalsterbliche«, also auch für Nicht-Parlamentarier in einem Parlamentsgebäude!

# 2 Brandenburger Tor

*Das Wahrzeichen der Stadt für Teilung und Wiedervereinigung*

## Information

- Berlin Tourist Info, Brandenburger Tor, südl. Torhaus, Tel. 030/25 00 23 33, www.visitberlin.de, tgl. 9.30–18, April–Okt. bis 19 Uhr
- S1, U55 Brandenburger Tor

Als Abschluss des Boulevards Unter den Linden ragt das Brandenburger Tor am Pariser Platz auf. Es ist das Symbol des geteilten Deutschlands: Lag das Bauwerk ab 1961 im abgesperrten Niemandsland im Schatten der Berliner Mauer, so gilt es seit seiner feierlichen Wiedereröffnung im Dezember 1989 als Sinnbild für die deutsche Wiedervereinigung.

König Friedrich Wilhelm II. ließ es nach antikem Vorbild ab 1788 erbauen – als Erinnerung an das für Preußen erfolgreiche Ende des Siebenjährigen Krieges im Jahre 1763 und zugleich als Ehrenmal für den 1786 verstorbenen König Friedrich II. Das frühklassizistische Sandsteintor entstand nach Plänen von Carl Gotthard Langhans, der sich an der Athener Akropolis orientierte. Die das Tor krönende Quadriga von Johann Gottfried Schadow entstammt römischer Triumph-Symbolik: den von vier Pferden gezogenen Wagen der Siegesgöttin Viktoria. Wie ihr antikes Vorbild war auch sie zunächst nackt gewesen – man stelle sich den Affront vor, wenn Reisende aus dem Westen zunächst ihr bloßes Hinterteil gesehen hätten! Auf königlichen Befehl wurde daher ein Unterkleid für die Göttin angefertigt, der Monarch weihte das Bauwerk ohne die Quadriga 1791 ein. Die bekleidete Viktoria bezog ihren Platz erst 1793, allerdings nicht für lange: Am 27. Oktober 1806 besetzte Napoleon die Hauptstadt Preußens und ließ u. a. die Quadriga nach Paris transportieren. Den Rückweg trat die symbolträchtige Figur 1814 an, nach der napoleonischen Niederlage in den Befreiungskriegen thronte sie erneut auf dem 26 m hohen, 65 m breiten und 11 m tiefen Bau mit fünf Durchfahrten.

## Sehenswert

### Pariser Platz

| Platz |

Als Empfangssalon der Metropole präsentiert sich der 1734 als Exerzierfeld angelegte Pariser Platz – rings ums Brandenburger Tor mit den zumeist rekonstruierten repräsentativen Bauten: die Botschaften der USA, Frankreichs und Großbritanniens, das Hotel Adlon Kempinski (S. 45) und die Commerzbank-Zentrale gleich unter der Hausnummer 1 links des Brandenburger Tors. Neben der trutzig-riesigen US-Botschaft beeindruckt die DZ Bank mit einem futuristisch-amorphen Atrium von Architekt Frank O. Gehry, dessen Sitzungssaal aus einem Science-Fiction-Film zu stammen scheint.

### Raum der Stille

| Veranstaltungsort |

»Silence« steht in vielen Sprachen im Vorraum an der Wand: 200 Menschen suchen am Tag im Raum der Stille die Ruhe am wohl lebendigsten Ort Berlins – die alle verbindende Stille. Jeder tut das auf seine Art und Façon, wie immer man es auch nennt: Gebet, Abschalten, innere Einkehr, Meditation …

*Wo früher Autos fuhren, tummeln sich heute Touristenscharen*

■ Brandenburger Tor (Nordflügel), Pariser Platz 8, www.raum-der-stille-im-brandenburger-tor.de, März–Okt. 11–18, Nov./Feb. bis 17, Dez./Jan. bis 16 Uhr, Eintritt frei

## Akademie der Künste

| Veranstaltungsort |

Das 1696 als Preußische Akademie gegründete Kunstzentrum empfängt seine Besucher mit gläserner Fassade neben dem Adlon. Die AdK erlangte in ihrer langen Geschichte Weltruhm, u. a. mit Mitgliedern wie Heinrich und Thomas Mann, Alfred Döblin, Max Liebermann, Ricarda Huch und Käthe Kollwitz, später Michael Ballhaus oder Martin Wuttke.

■ Pariser Platz 4, www.adk.de, tgl. 10–20 Uhr

## Liebermann-Haus

| Gebäude |

Rechts des Brandenburger Tors sieht man die von Josef Paul Kleihues entworfene Replik des 1735 erbauten Liebermann-Hauses: Der Maler Max Liebermann lebte hier von 1894 bis zu seinem Tod 1935, der Präsident der Akademie der Künste (1920–32) und Impressionist war von den Nazis als »entartet« diffamiert worden.

■ Pariser Platz 7, www.brandenburgertor.de

## Restaurants

**€ | Mama Trattoria** Die Überraschung: Pasta, Pizza, frische Salate, Bio-Rindfleisch, Veganes und Glutenfreies zu anständigen Preisen bei bester Lage mit Blick aufs Tor. Allerdings sollte man etwas Zeit mitbringen. ■ Palais am Pariser Platz 6 a, Tel. 030/20 21 93 93, www.mama.eu, tgl. 11.30–23.30 Uhr

**€€ | Hopfinger Bräu im Palais** Uriges Ambiente zu deftigen Speisen und zünftigen Getränken: das vollmundige bernsteinfarbene Bier nach alter bayerischer Tradition. ■ Ebertstr. 24, Tel. 030/20 45 86 37, www.bier-genuss.berlin, April–Okt. 10–24, Nov.–März 10–23 Uhr

## 3 Holocaust-Mahnmal

3 *Das Denkmal für die in der NS-Zeit ermordeten Juden Europas*

■ S1, U55 Brandenburger Tor, U2 Potsdamer Platz
■ Stelenfeld: Ebertstraße/Behrenstraße tgl. 24 Std. zugänglich
■ Ort der Information: Cora-Berliner-Str. 1, www.holocaust-mahnmal.de, April–Sept. Di–So 10–20, Okt.–März Di–So 10–19 Uhr, Hörführung mit Audioguide 3 €, erm. 2 €, So 15 Uhr kostenlose Führung

Südlich von Brandenburger Tor und Pariser Platz wurde 2005 das Holocaust-Mahnmal nach Entwürfen des US-amerikanischen Architekten Peter Eisenman eingeweiht. Das Mahnmal gedenkt der 6 Mio. Juden, die Opfer des Holocaust wurden. Es erstreckt sich über 19 000 m² mit einem eindrucksvollen Stelenfeld – ein von allen Seiten begehbares Labyrinth aus 2711 grauen Betonquadern. Eisenman will sein Werk nicht als Friedhof oder Ehrenfeld verstanden wissen, eher als Ort der Hoffnung, in dem Besucher die Stimmen der Opfer hören sollen. Im Ort der Information unter dem Stelenfeld kann man exemplarisch mehr über einzelne Schicksale erfahren. In der Nähe im Tiergarten befinden sich die Denkmäler für die ermordeten Sinti und Roma Europas, für Homosexuelle sowie »Euthanasie«-Opfer.

## 4 Unter den Linden

*Prachtboulevard als Flaniermeile und Bilderbuch der Geschichte*

■ S1, U55 Brandenburger Tor, U6 Französische Straße, Bus 100, 300

Unter den Linden ist die bedeutendste Straße Berlins und eine Art Bilderbuch der Stadtgeschichte. Im 16. Jh. verband hier ein Reitweg das Stadtschloss mit dem 1527 eingerichteten Tiergarten. Ab 1647 ließ Kurfürst Friedrich Wilhelm den Weg zu einer Allee mit Linden und Nuss-

### Im Blickpunkt

**Schatten der Vergangenheit in der Wilhelmstraße**

Die Wilhelmstraße war von der Kaiser- bis zur NS-Zeit die Straße der Regierung. Otto von Bismarck residierte als Kanzler des Deutschen Reiches in der alten Reichskanzlei. Das Reichspräsidentenpalais war Amtssitz von Friedrich Ebert und Paul von Hindenburg. Joseph Goebbels' Ministerium für Volksaufklärung und Propaganda, ein aus der Hitler-Diktatur erhaltenes Gebäude, ist der heutige Sitz des Bundesministeriums für Arbeit und Soziales (Nr. 49).
Unter allem erstreckte sich ein gigantisches Bunkersystem mit Krankenstation, Werkstätten sowie dem etwa 250 m² umfassenden Führerbunker für Adolf Hitler. Der Bunkerkomplex wurde 1947–59 gesprengt und das Gelände eingeebnet, um eventuellen »Pilgerbesuchen« vorzubeugen. Seit 2006 weist eine nüchterne Tafel in der Gertrud-Kolmar-Straße in den Ministergärten nahe dem Potsdamer Platz den historischen, doch heute überbauten Ort aus.

*Berlins Prachtstraße führt vom Brandenburger Tor zur Museumsinsel*

bäumen umgestalten; die Nussbäume verdorrten. Nachdem 1734 der Pariser Platz angelegt worden war, entwickelte sich Unter den Linden zum Boulevard des Hochadels mit Salons als Treffpunkt von Intellektuellen und Militärs. Mit der Reichsgründung 1871 übernahmen Bankiers und Aktienspekulanten die Adelspalais. Die Flaniermeile galt jedoch um 1900 nach wie vor als Boulevard des Kaisers Wilhelm I.

Geht man vom Pariser Platz die Linden hinauf, so zieht rechts die Russische Botschaft (Nr. 63–65) als stalinistisch anmutender Prunkbau von 1952 die Aufmerksamkeit auf sich. Die Geschäftshäuser, wie das frühere Haus Wagon-Lits (Nr. 40) und der Zollernhof (Nr. 36–38) mit dem Hauptstadtstudio des ZDF, entstanden um 1910. Als einziges Gebäude aus den 1930er-Jahren ist das Haus der Schweiz (Nr. 24) erhalten. An der Ecke Friedrichstraße nutzt das Westin Grand Hotel ein Gebäude, das 1985–87 zur 750-Jahr-Feier in Ost-Berlin errichtet worden war.

**Sehenswert**

## Forum Willy Brandt

| Museum |

Gegenüber der Russischen Botschaft erinnert seit 2010 das Forum Willy Brandt mit einer Ausstellung an den einstigen Regierenden Bürgermeister West-Berlins und Bundeskanzler.

■ Unter den Linden 62–68, www.willy-brandt.de, Di–So 10–18 Uhr, s. auch Spartipp S. 34

## Reiterdenkmal Friedrichs des Großen

| Denkmal |

Auf dem Mittelstreifen des Boulevards, dem Lindenforum vor der Staatsbibliothek, steht das eindrucksvolle, 13,5 m hohe Reiterdenkmal Friedrichs des Großen. Christian Daniel Rauch schuf es ab 1839 im Auftrag König Friedrich Wilhelms III. Der Alte Fritz wirkt fast lebendig im Krönungsmantel, mit Dreispitz, Krückstock und Stulpenstiefeln hoch zu Ross.

## Bebelplatz

| Platz |

Einer der schönsten Plätze Berlins beeindruckt mit edlen Palais aus der Ära zwischen Barock und Klassizismus. Seit 1947 ist das Ensemble benannt nach August Bebel (1840–1913), einem der Gründungsväter der SPD. Das streng klassizistische Alte Palais (auch Kaiser-Wilhelm-Palais) vis-à-vis der Staatsoper entstand 1834–37 nach Plänen von Carl Ferdinand Langhans als Stadtpalast des Kronprinzen und späteren Kaisers Wilhelm I. Heute nutzt die Humboldt-Universität den Bau. Wegen ihrer barock-geschwungenen rekonstruierten Fassade wird die Alte Bibliothek im Volksmund auch augenzwinkernd als »Kommode« bezeichnet. Zwischen Staatsoper und der Alten Bibliothek neben dem Alten Palais rotteten sich am 10. Mai 1933 Zehntausende Studenten und andere NS-Anhänger zusammen, um etwa 20000 Bücher »undeutscher« Autoren zu verbrennen. Seit 1995 erinnert das Denkmal Versunkene Bibliothek von Micha Ullmann an dieses Ereignis. Durch eine Glasplatte im Pflaster blickt man in einen 5m tiefen, weißen Raum mit leeren Bücherregalen. Auf einer Gedenkplatte sind die Worte Heinrich Heines zu lesen: »Das war ein Vorspiel nur. Dort, wo man Bücher verbrennt, verbrennt man am Ende auch Menschen.«

Im Süden des Bebelplatzes erhebt sich die 1747–73 errichtete St.-Hedwigs-Kathedrale mit säulengetragener Tempelfront und lindgrüner Kuppel.

## Neue Wache

| Denkmal |

Karl Friedrich Schinkel erbaute die Neue Wache 1816–18 als Wachhaus für königliche Soldaten: Der Baukörper im Stile antiker Architektur und mit dorischem Säulenportikus gilt als ein Hauptwerk des Klassizismus in Preußen. Ab 1929 diente das Gebäude dem Totengedenken, seit 1993 als Zentrale Gedenkstätte der Bundesrepublik Deutschland für die Opfer von Krieg

*Die Alte Bibliothek steht auf einem der schönsten Plätze der Stadt*

und Gewaltherrschaft. Im Innenraum steht die ergreifende Skulpturengruppe »Trauernde Mutter mit totem Sohn«. Diese Pietà ist die vergrößerte Kopie einer Bronze, die Käthe Kollwitz 1937/38 geschaffen hatte.
Hinter der Neuen Wache steht das Palais am Festungsgraben (1751–53) mit edler klassizistischer Fassade von 1861, das heute mit Marmorsaal und anderen Prunkräumen für Events und zwei Theaterstätten genutzt wird, etwa das Maxim Gorki Theater.

■ Unter den Linden 4

## Deutsches Historisches Museum (DHM)

| Museum |

2 *2000 Jahre Geschichte, inszeniert im größten Barockbau Berlins*

Im ältesten Großbau Berlins (1695–1731 als barockes Zeughaus erbaut) befindet sich heute eines der wichtigsten und meistbesuchten Museen Berlins. Im Hauptkomplex dokumentiert die Ausstellung »Deutsche Geschichte in Bildern und Zeugnissen« mit über 8000 Exponaten rund zwei Jahrtausende deutscher Geschichte im europäischen Kontext. Eindrucksvoll präsentieren sich Alltagskultur, Militaria und Kunstwerke von Skulpturen bis zu Plakaten in chronologischen Stationen: im ersten Obergeschoss der Sieg der Germanen unter Arminius (Hermann) über die Legionen Roms, Reformation, Dreißigjähriger Krieg, Absolutismus, Französische Revolution, das Erwachen einer Nationalbewegung und die Gründung des Deutschen Reiches 1871. Das Erdgeschoss ist dem »kurzen 20. Jh. « gewidmet, vom Ersten Weltkrieg über NS-Zeit und die Gründung der beiden deutschen Staaten bis zur Wiedervereinigung. Der durch den Architekten Ieoh Ming Pei realisierte Neubau wird seit 2003 für Wechselausstellungen genutzt.

*Der moderne Erweiterungsbau des Museums wurde von I. M. Pei entworfen*

■ Unter den Linden 2, www.dhm.de, tgl. 10–18 Uhr, 8 €, erm. 4 €

## PalaisPopulaire

| Ausstellungsort |

Hier dreht sich seit Herbst 2018 alles um Kunst, Kultur und Sport. Im ehemaligen Prinzessinnenpalais zeigt die Deutsche Bank zeitgenössische und aktuelle Kunst aus ihrer Sammlung in Themenausstellungen. Besucher können dazu Gespräche mit bekannten Gesichtern miterleben. Zum After-Work-Treff werden Drinks gereicht, bei den Clubnächten begleiten internationale DJs und Performances die Besucher durch die Ausstellungsräume.

Aber es gibt auch spezielle Audiotouren, eine Kreativbox und Workshops für Kinder sowie ein Café.
■ Unter den Linden 5, www.db-palaispopulaire.de, Mi–Mo 11–18, Do 11–21, Café Mi–Mo ab 11 Uhr, 9 €, erm. 6 €, bis 18 J. u. Mo Eintritt frei

## P Parken

Tiefgarage Unter den Linden/Staatsoper, Zufahrt über Behrenstr. 37, www.q-park.de, 2 €/Stunde, 20 €/Tag

## Cafés

**Einstein** Hier kann man sich unter Politiker und Journalisten mischen; es finden auch Autorenlesungen und Fotoausstellungen statt. ■ Unter den Linden 42, Tel. 030/204 36 32, www.einstein-udl.com, tgl. 8–23 Uhr

**Café im Zeughaus** Das öffentlich zugängliche Café des DHM ist ein angenehmer Ort für einen Snack zwischendurch. Draußen kann man herrlich am Flussufer neben dem Wassertaxi-Anleger sitzen. ■ Unter den Linden 2, Tel. 030/20 64 27 44, www.koflerkompanie.com, tgl. 10–18 Uhr

## ADAC Mobil

**Der 100er Bus – ein Muss!**
Wer nicht viel Zeit hat oder nicht viel Geld investieren möchte, der »erfährt« im wahrsten Sinn die wichtigsten Berliner Attraktionen – 1000 Sehenswürdigkeiten rollen am Fahrgast auf dem Hochsitz der Linie 100 vorbei: ob Siegessäule, Schloss Bellevue oder Berliner Dom. Von Zoo bis Alex 18 Stationen in 30 Minuten: 2,80 € kostet das Ticket.

## Einkaufen

**Ampelmann Shop** Ein Berliner Kultobjekt: Das grüne Männchen aus der DDR-Ampel gibt es z. B. als Luftballon, Notizblock, Armbanduhr und Soundbox – außerdem Kaffee und Snacks.
■ Unter den Linden 35, www.ampelmann.de, Mo–Sa 9.30–22, So 13–18 Uhr

## Events

3 **Berlin leuchtet und Festival of Lights** Gleich zwei Lichtspektakel finden zwischen Ende September und Mitte Oktober statt. Dabei werden Hunderte Bauwerke eindrucksvoll illuminiert. Der Schwerpunkt liegt zwischen Alex und Brandenburger Tor. Schiffs- und Bustouren sind möglich.
■ www.berlinleuchtet.com, www.festival-of-lights.de, Tourenvorschläge für Fußgänger: www.berlin.de/lichterfeste

# 5 Gendarmenmarkt

4 *Die prachtvollen Bauten um den Platz sind eine Augenweide*

■ U2, U6 Stadtmitte, Französische Straße

Der weitläufige Gendarmenmarkt entstand ab 1688 nach Plänen von Johann Arnold Nering. Der Name des Platzes erinnert daran, dass 1736–82 das damals berühmte preußische Reiterregiment »Gens d'Armes« hier seine Kasernen und Stallungen unterhielt. Platzbeherrschend sind der rekonstruierte Französische und Deutsche Dom, die dem ganzen Ensemble aus prachtvollen Bauwerken sein vornehmes Flair geben (es sind keine Bischofssitze, aber dennoch seit 1785 mit Kuppeltürmen gekrönt, französisch: dome).

*Der Gendarmenmarkt gilt als einer der schönsten Plätze Europas*

**Sehenswert**

### Konzerthaus

| Konzerthaus |

Zwischen beiden Domen erhebt sich Schinkels klassizistisches Schauspielhaus (1818–21) mit Freitreppe und ionischer Säulenvorhalle mit Portikus. Als Konzerthaus Berlin ist das Schinkeltheater heute Spielstätte des renommierten Konzerthausorchesters Berlin und beeindruckt mit über 500 Veranstaltungen jährlich. Davor steht das Schillerdenkmal (1864–69) von Reinhold Begas, das den jungen Denker Friedrich Schiller (1759–1805) darstellt, ihm zu Füßen ausdrucksstarke allegorische Frauenfiguren von Lyrik, Tragödie, Geschichte und Philosophie.

■ Ticket-Tel. 030/203 09 21 01, www.konzerthaus.de, Führungen i. d. R. Sa 13 Uhr, 3 €, mitunter auch tgl. kostenfreie Rundgänge (s. Website)

### Deutscher Dom

| Ausstellung |

An der Südseite des Gendarmenmarktes krönt der 1780–85 erbaute Kuppelturm des Deutschen Doms die frühere Deutsche Kirche (1701–08). Seine Spitze ziert die Skulptur »Siegende Tugend«. Im Innern ist die Ausstellung »Wege, Irrwege, Umwege« unter der Ägide des Deutschen Bundestages zu sehen. Sie zeichnet die Entwicklung der parlamentarischen Demokratie in Deutschland nach.

■ Infos: www.bundestag.de/deutscherdom, Mai–Sept. Di–So 10–19, sonst bis 18 Uhr

### Französischer Dom

| Dom |

An der Nordseite des Gendarmenmarktes überragt der Französische Dom die Französische Friedrichstadtkirche. Der Bau war bereits 1701–05 als Kirche für die aus Frankreich eingewanderten Hugenotten errichtet worden. Neben der Kirche kann man hier das Berliner Hugenottenmuseum besuchen. Vom 70 m hohen Turm des Französischen Doms erklingt täglich (10–18 Uhr, jeweils zur vollen Stunde) das eindrucksvolle 60-teilige Glockenspiel. Einen schönen Blick über den Gendarmenmarkt und die ganze Innenstadt bietet sich von der Aussichtsplattform. Die Kuppel wird von der Skulptur »Triumphierende Religion« bekrönt. Dom und Museum sind wegen Baumaßnahmen bis auf Weiteres geschlossen.

■ Museum: www.hugenottenmuseum-berlin.de, bis auf Weiteres geschl.

■ Dom und Aussichtsplattform: www.franzoesischer-dom.de, bis auf Weiteres geschl.

■ Kirche: www.franzoesische-friedrichstadtkirche.de, Di–So 12–17, Orgelandacht Di–Fr 12.30, 30 Min. Orgelmusik Di 15 Uhr

### Parken

Gebührenpflichtige Tiefgaragen in der Taubenstraße/Jägerstraße

### Restaurants

€€–€€€ | **Refugium** Im barocken Gewölbe der Französischen Friedrichstadtkirche mundet die gehobene Küche aus aller Welt. ■ Gendarmenmarkt 5, Tel. 030/22916 61, www.restaurant-refugium.de, tgl. ab 10 Uhr

€€€ | **Borchardt** Wer hier nicht schon alles sein Wiener Schnitzel verspeist hat (Johnny Depp, Bill Clinton, Tom Cruise)! Auch wenn mittlerweile mehr Touristen als Prominente hier tafeln, es bleibt ein Klassiker. Deshalb unbedingt reservieren! ■ Französische Str. 47, Tel. 030/81886262, www.borchardt-restaurant.de, tgl. ab 11.30, Küche bis 24 Uhr

### Cafés

**Konzerthaus** In dem schönen Café sitzt man mit bestem Blick und genießt dabei günstig Frühstück, Kaffee, Kuchen, Eis und Kleinigkeiten. ■ Gendarmenmarkt 2, Tel. 030/84 85 56 66, März–Sept. 9–24, Okt.–Feb. 11–22 Uhr

### Events

**WeihnachtsZauber** Auf dem Gendarmenmarkt findet einer der stimmungsvollsten Weihnachtsmärkte Berlins statt, mit vielen Kunsthandwerk- und Glühweinbuden sowie Bühnenprogramm von Klassik über Märchen bis Klamauk. ■ www.gendarmenmarktberlin.de, Ende Nov.–31.12. tgl. 11–22, 24.12. bis 18, 31.12. bis 1 Uhr, 1 €

## 6 Friedrichstraße

*Eine legendäre Flaniermeile mit eleganten Einkaufspassagen*

■ S Friedrichstraße, U6 Oranienburger Tor, Friedrichstraße, Französische Straße, U2 Stadtmitte

Ihren legendären Ruf erlangte die Friedrichstraße bereits um 1900 – zugleich pulsierende Verkehrsader (rund um den Verkehrsknotenpunkt der Fern- und Stadtbahn), geschäftige Flaniermeile und schillernder Vergnügungsboulevard. Heute sind hier wieder Kaufhäuser, Edeldesigner und bekannte Theater versammelt, darunter der Friedrichstadt-Palast (Nr. 107), das Brechtsche Berliner Ensemble am Schiffbauerdamm (S. 44) und der Admiralspalast (Nr. 101, www.admiralspalast.de) mit strahlender Fassade und schönem Innenhof von 1911.

*Links und rechts des Checkpoint Charlie kommen Souvenirjäger auf ihre Kosten*

Vor allem südlich der Linden sprüht die Friedrichstraße vor Eleganz. Hier tragen die Quartiere, Büro- und Geschäftsblocks mit Cafés, Restaurants, Einkaufspassagen und Edelboutiquen allesamt die Handschrift von Stararchitekten aus der ganzen Welt – mit Stilelementen von Art déco über Bauhaus bis Postmoderne.

## Sehenswert

### Tränenpalast

| Ausstellung |

Ein paar Meter weiter umweht den Bahnhof Friedrichstraße ein Hauch von Geschichte. Immerhin fungierte er nach dem Mauerbau 1961 als alleinige Verbindung für Fern-, S- und U-Bahn zwischen beiden Teilen der Stadt. Die kurz nach dem Mauerbau errichtete Grenzabfertigungshalle mit großer Glasfront, an der sich West-Berliner nach dem Besuch im Osten von ihren Verwandten verabschieden mussten, trägt nicht von ungefähr den Beinamen »Tränenpalast«. Heute befindet sich in dem vor einigen Jahren umfassend restaurierten Gebäude die kostenlose Ausstellung »GrenzErfahrungen. Alltag der deutschen Teilung«.

■ Am Bhf. Friedrichstraße, Reichstagsufer 17, www.hdg.de, Di–Fr 9–19, Sa, So 10–18 Uhr, Eintritt frei

### Checkpoint Charlie

| Gedenkstätte |

Im August 1961 hatte der Bau der Mauer aus der Friedrichstraße eine Sackgasse gemacht. Den legendären Grenzübergang durften ab diesem Zeitpunkt nur noch Diplomaten und Militärs der Siegermächte, DDR-Funktionäre und

Mitarbeiter der Ständigen Vertretung der BRD in der DDR passieren. Trotzdem sorgte dieser Kontrollpunkt C, auf Amerikanisch »Checkpoint Charlie«, an der Sektorengrenze oft für Schlagzeilen, etwa als sich hier am 27. Oktober 1961 Panzer der USA und der UdSSR im Abstand von nur 200 m schussbereit gegenüberstanden. Beliebte Fotomotive sind der Nachbau des ersten Kontrollhäuschens hinter einem Wall von Sandsäcken, das zweisprachige Warnschild »Achtung! Sie verlassen den amerikanischen Sektor!« oder die 175 großen Fototafeln der Open-Air Checkpoint Gallery (Friedrichstraße zwischen Zimmer- und Schützenstraße).

Südlich des Checkpoints dokumentiert das Mauermuseum Haus am Checkpoint Charlie die Geschichte dieses Bauwerks und das Leben in der geteilten Stadt von 1961 bis 1989. Sehenswert sind auch das Zentrum Kalter Krieg (Black Box), das man preisgünstiger mit dem Kombiticket für das Rundumpanorama des Künstlers Yadegar Asisi besucht (s. u.).

■ Friedrich-/Zimmerstraße, Mauermuseum: Friedrichstr. 44, www.mauermuseum.de, tgl. 9–22 Uhr, 14,50 €, erm. 9,50 €, Black Box: Friedrichstr. 47, www.bfgg.de/zentrum-kalter-krieg.html, tgl. 10–18 Uhr, 5 €, erm. 2–3,50 €

## Asisi Panorama – Die Mauer

**| 360°-Gemälde |**

4 *Eine Zeitreise in die legendären 1980er-Jahre*

In diesem 15 Meter hohen Rundumbild von Yadegar Asisi erlebt man die Mauer und das damalige Lebensgefühl in der Kreuzberger Mauernische der 1980er-Jahre in einer gelungenen Foto-Sound-Darbietung. Der Betachter steht dabei mittendrin auf einer vier Meter hohen Aussichtsplattform.

■ Friedrichstr. 205, www.die-mauer.de, tgl. 10–18 Uhr (meist länger in den Ferien und an Feiertagen, s. Website), 10 €, erm. 4–8 €. Tipp: Immer Mo ab 16 Uhr kann man den Eintrittspreis selbst festlegen

*Ein Detail aus dem Asisi Panorama – Blick von der Kreuzberger Seite in den Osten*

### Einkaufen

**Dussmann – das Kulturkaufhaus** Gut sortierte Buchhandlung mit CD- und DVD-Abteilung auf fünf Etagen, oft Lesungen bekannter Autoren und kleine Konzerte. ■ Friedrichstr. 90, www.kulturkaufhaus.de, Mo–Fr 9–24, Sa 9–23.30 Uhr

**Galeries Lafayette** In spektakulärer Architektur von Jean Nouvel lockt die einzige deutsche Dependance des berühmten Pariser Luxuskaufhauses: Feinkost, Mode, Accessoires und Kosmetik mit dem legendären französischen Touch. Unklar ist, ob der Konsumtempel auch nach 2021, dem Ende des aktuellen Mietvertrages, hierbleiben wird, da aus der Friedrichstraße seit einiger Zeit immer mehr Läden abwandern. ■ Friedrichstr. 76/78, www.galerieslafayette.de, Mo–Sa 10–20 Uhr

### Erlebnisse

**Ausflugsboote** An der Weidendammerbrücke gibt es zahlreiche Dampferanlegestellen. Vom Wasser aus erlebt man die Stadt stimmungsvoll und ohne Stau (www.reederei-riedel.de, www.sternundkreis.de).

## 7 Friedrichswerdersche Kirche – Schinkelmuseum

*Die Kirche war im 19. Jh. der erste neugotische Sakralbau Berlins*

■ U2 Hausvogteiplatz, U6 Französische Straße, Bus 147 Werderscher Markt

■ www.smb.museum, derzeit geschl., Wiedereröffnung vorauss. im Frühjahr 2020

Am Werderschen Markt wurde zwischen 1824 und 1830 die backsteinrote Friedrichswerdersche Kirche mit ihren markanten Doppeltürmen in neogotischem Stil nach Plänen von Karl Friedrich Schinkel errichtet. In der Gestaltung des Außenbaus folgte Preußens größter Baumeister der englischen Spätgotik. Das Innere des einschiffigen Kirchbaus zeigt Züge deutscher Hochgotik. Als Baumaterial verwendete Schinkel, für die damalige Zeit untypisch, rote Ziegel. Im Zweiten Weltkrieg beschädigt, wurde die Kirche zwischen 1979 und 1986 saniert und diente daraufhin als Ausstellungsfläche für eine Skulpturensammlung des 18./19. Jh. aus dem Bestand der Staatlichen Museen zu Berlin.

Wegen Bauschäden ist die Kirche seit 2012 geschlossen, die Wiedereröffnung ist für Frühjahr 2020 geplant.

*Das Kulturkaufhaus Dussmann hat unter der Woche bis Mitternacht geöffnet*

# 8 Museumsinsel

*Ein UNESCO-Weltkulturerbe mit hochkarätigen Schätzen*

*Majestätisch erhebt sich die Alte Nationalgalerie über der Freitreppe*

**Information**

- S Friedrichstraße u. Hackescher Markt, U2, U6 Friedrichstraße, Bus 100, 300
- Tel. 030/266 42 42 42, www.smb.museum, www.museumsinsel-berlin.de, Sammelticket für die Museumsinsel (ohne Berliner Dom!) 18 €, erm. 9 €, bis 18. J. frei
- Parken: siehe S. 36

5 *Die Kunstsammlungen auf der Museumsinsel sind weltberühmt*

Die ägyptische Königin Nofretete und der Pergamonaltar, griechische und römische Statuen, byzantinische Ikonen, Meisterwerke französischer Impressionisten und deutscher Romantiker – kaum eine Epoche in der Kunstgeschichte vor der Moderne fehlt in den Sammlungen der weltberühmten Museumsinsel. Passenderweise gehört sie seit 1999 inklusive Monbijoubrücke, Stadtbahnviadukt und Granitschale (ein Biedermeierweltwunder) zum UNESCO-Weltkulturerbe. 1810 gab König Friedrich Wilhelm III. bei Wilhelm von Humboldt eine »öffentliche, gut gewählte Kunstsammlung« in Auftrag. Bald nach der Eröffnung des Baus, der heute als Altes Museum bezeichnet wird, verfügte Friedrich Wilhelm IV. 1830, »die ganze Spreeinsel hinter dem Museum zu ei-

Plan
S. 35

ner Freistätte für Kunst und Wissenschaft umzuschaffen«. So entstand zunächst 1843–55 das Neue Museum, es folgten die Alte Nationalgalerie (1876), das Pergamonmuseum (1901) und das Bode-Museum (1904).
Der Höhepunkt ist zweifellos im meistbesuchten Museum Berlins der imposante Pergamonaltar, dessen Entdeckung 1879 als nationales Großereignis gefeiert worden war. Der Altar wird derzeit restauriert (bis vorauss. 2024/25), das Museum, eine der besten Antikensammlungen der Welt mit dem Ischtar-Tor und dem Markttor von Milet, ist aber weiter geöffnet. Seit 1990 wird die gesamte Museumsinsel jedoch umfassend saniert und die Sammlungen entlang einer modern konzipierten Archäologischen Promenade neu geordnet (bis voraussichtlich 2026).
Benannt nach dem jüdischen Mäzen James Simon (1851–1932), empfängt seit 2019 die James-Simon-Galerie des britischen Architekten David Chipperfield die Besucher: Auf der imposanten weißen Treppe des neuen zentralen Eingangsportals zur Museumsinsel fühlt man sich, als betrete man einen griechischen Tempel. Der Bau ist minimalistisch gehalten mit weißem Alabaster und massig Beton – im harten Kontrast zu den altehrwürdigen Bauwerken ringsum. Klassisch inspiriert ist der Pfeilergang im Museumshof, es gibt aber auch Profanes wie einen Museumsshop und ein Terrassen-Café. Von hier geht es zum Pergamonmuseum und vom Tiefgeschoss ins Neue Museum zur Nofretete. Untrennbar ist diese mit James Simon verbunden, denn er vermachte der Stadt Berlin 1920 u.a. die berühmte Büste aus seiner umfangreichen Privatsammlung. Im Bode-Museum ist ein rekonstruiertes James-Simon-Kabinett zu Ehren des Kunstsammlers und Museumsstifters zu sehen mit Kunstschätzen aus Elfenbein, Bronze und Terrakotta.

### Sehenswert

#### a Lustgarten

| Grünanlage |

An der Schlossbrücke (1821–24) fallen die marmornen Skulpturengruppen aus der griechischen Mythologie ins Auge, sie entstanden wie die Brücke selbst nach den Plänen Karl Friedrich Schinkels 1845–47. Zwischen Altem Museum und Berliner Dom öffnet sich zur Linken der Lustgarten, 1573 als Küchengarten angelegt (1649 wuchs hier erstmals in Preußen die Kartoffel, eine bis dato unbekannte Frucht aus Übersee). Später wurde daraus ein Ziergarten zum Lustwandeln. Am Namen »Lustgarten« änderte sich auch nichts, als der Soldatenkönig Friedrich Wilhelm I. hier exerzieren ließ.

## ADAC Spartipp

**Ein Pass für's Museum!**
Hier lohnt sich die 3-Tage-Karte auch für Museumsmuffel – die Fülle an Attraktionen und Weltberühmtheiten in Berlins Museen und Kunstsammlungen schaffen Sie gar nicht an einem Tag, der Pass öffnet an drei aufeinanderfolgenden Tagen die Türen zu sage und schreibe 30 Museen (www.visitberlin.de/de/museumspass-berlin, 29 €, erm. 14,50 €).
Weitere wichtige und einzigartige Museen – und trotzdem gratis! – sind z. B.: die Ausstellung im Tränenpalast (S. 29), das Forum Willy Brandt (S. 23), das TU-Architekturmuseum (Ernst-Reuter-Platz, architekturmuseum.ub.tu-berlin.de), das Museum Gedenkstätte Berliner Mauer an der Bernauer Straße (S. 64), die Gedenkstätte Plötzensee sowie Museen, die an wenigstens einem Tag der Woche freien Eintritt bieten (meist am 1. Mi. im Monat, z. B. Bröhan-Museum (S. 106), Potsdamer Zinnfigurenmuseum).

### b Berliner Dom

| Dom |

An der Ostseite des Lustgartens erhebt sich der Berliner Dom (1894–1905, Julius Raschdorff) mit seiner fast 75 m hohen Kuppel. Der achteckige Zentralbau mit den vier Ecktürmen orientiert sich an der Peterskirche in Rom mit Stilmitteln der Hochrenaissance und des Barock. Die Predigtkirche ist reich mit Skulpturen, Reliefs, Holzschnitzarbeiten und einem Kuppelmosaik ausgestattet. Im erhöhten Chor prangt ein Marmoraltar von Friedrich August Stüler, die opulent vergoldeten Chorschranken entstanden nach Entwürfen von Karl Friedrich Schinkel. 94 Grabstätten vom 16.–20. Jh. finden sich in der Hohenzollerngruft, teils anrührend kleine Kindersärge, teils prächtige Grabanlagen. Sehr lohnend ist außerdem ein Kuppel-Aufstieg über 267 Stufen (s. Spartipp).

■ Am Lustgarten, Tel. 030/20 26 94 99, www.berlinerdom.de, 1. April–30. Sept. tgl. 9–20, 1. Okt.–31. März tgl. 9–19 Uhr (Kasse: Mo–Sa 9–19, So 12–19, 1. Okt.–31. März bis 18 Uhr), 7 €, erm. 5 €, bis 18 J. Eintritt frei

### c Altes Museum

| Museum |

Außen präsentiert sich dieser Bau von Karl Friedrich Schinkel im Stil eines lang gestreckten griechischen Tempels mit 18 ionischen Säulen entlang der Vorhalle. Innen begeistert die dem Pantheon in Rom nachempfundene Rotunde mit Skulpturen antiker meist griechischer Götter. Unter den griechischen Schätzen ist eines der schönsten Stücke der »Betende Knabe« (um 300 v. Chr.) aus Rhodos. Das Obergeschoss (ab 11 Uhr) widmet sich der römischen und etruskischen Kunst.

■ Am Lustgarten, Di, Mi und Fr–So 10–18, Do 10–20 Uhr, 10 €, erm. 5 €

## d Neues Museum

| Museum |

Ein weiterer Publikumsrenner: die Kalkstein-Gips-Büste der Königin Nofretete (um 1340 v. Chr.) im Ägyptischen Museum. Sie wurde 1911 bei einer deutschen Grabungsexpedition im mittelägyptischen Tell el-Amarna gefunden. Ebenfalls von hier stammt der Stuckkopf von Nofretetes Gemahl, König Echnaton. Nur ein weiteres hochkarätiges Exponat aus den frühen Hochkulturen am Nil ist beispielsweise der nach seiner Gesteinsfarbe benannte Berliner Grüne Kopf (500 v. Chr.), ein Meisterwerk der ägyptischen Spätzeit. Die zweite Sammlung im Haus ist das Museum für Vor- und Frühgeschichte mit Schätzen der prähistorischen Kulturen Europas und Vorderasiens, der Antike und des Mittelalters. Glanzpunkte sind Heinrich Schliemanns Schatz des Priamos (1873 entdeckt, Originale heute in Moskau) aus dem antiken Troja und bronzezeitliche Goldfunde wie der 74 cm hohe Berliner Goldhut (1000–800 v. Chr.), ein geheimnisvolles Kultobjekt, dessen Ornamentik vermutlich astronomische Kalenderfunktionen erfüllte.

■ Bodestr. 1–3, www.aegyptisches-museum-berlin-verein.de, Fr–Mi 10–18, Do 10–20 Uhr, Zeitfensterticket unter www.smb.museum reservieren, 12 €, erm. 6 €

## e Alte Nationalgalerie

| Museum |

Äußerlich ähnelt die Nationalgalerie einem korinthischen Tempel, jedoch mit doppelläufiger Freitreppe und einem bronzenen Reiterstandbild König Friedrich Wilhelms IV. (1866, Alexander Calandrelli) über dem Eingangsportal. Gezeigt werden Skulpturen und Malerei des 19. Jh., darunter Werke von

Caspar David Friedrich oder Eugène Delacroix. Publikumsmagneten sind die Impressionisten Édouard Manet, Claude Monet, Auguste Renoir, Edgar Degas, Paul Cézanne, Max Liebermann und Max Beckmann.

■ Bodestr. 1–3, Di, Mi und Fr–So 10–18, Do 10–20 Uhr, 10 €, erm. 5 €

## f Pergamonmuseum und Panorama

| Museum und 360°-Gemälde |

Das aus drei Sammlungen bestehende Pergamonmuseum (derzeit in Teilen geschl.) ist mit 1 Mio. Besuchern im Jahr das beliebteste Museum Berlins. Das Highlight ist wegen Restaurierungsarbeiten bis vorauss. 2024/25 nicht zugänglich: der Pergamonaltar (2. Jh. v. Chr.), ein Meisterwerk des Hellenismus. Sein Marmorrelief zeigt Kampfszenen zwischen Göttern und Giganten. Die Komposition mit heftig bewegten, gleichwohl eleganten Figuren ist spannend wie ein Krimi. Der deutsche Ingenieur Carl Humann hatte das gewaltige Tempelmonument 1878–86 auf der Akropolis der heute türkischen Stadt Bergama gefunden.

Während der Bauarbeiten öffnet gegenüber am Kupfergraben das Pergamon-Panorama, ergänzt durch 80 Skulpturen der Antikensammlung. Das riesige Rundbild von Yadegar Asisi (S. 30) entführt mit wechselnder Licht- und Klangstimmung ins Pergamon des Jahres 129 n. Chr. Beeindruckend ist die Pracht des Pergamonaltars inmitten der belebten Akropolis.

Eine derzeit zugängliche Attraktion der Antikensammlung im Südflügel ist das römische Markttor von Milet (um 165 v. Chr.). Im Vorderasiatischen Museum sind überwältigende farbenfrohe babylonische Prachtbauten wie das Ischtar-Tor sowie auch die Prozessionsstraße und Fassade von Nebukadnezars Thronsaal (7./6. Jh. v. Chr.) zu sehen. Diese Kunstschätze zählen zu den »Sieben Weltwundern der Antike«. Reich dekorierte Bauteile des Wüstenschlosses Mschatta (8. Jh.) aus Jordanien präsentiert zusammen mit zahlreichen weiteren Exponaten das Museum für Islamische Kunst.

■ Zugang zum Pergamonmuseum über die James-Simon-Galerie in der Bodestr. (Museum bis vorauss. 2024/25 nur eingeschränkt zugänglich), Panorama: Am Kupfergraben, Fr–Mi 10–18, Do 10–20 Uhr, Zeitfenstertickets inkl. Panorama unter www.smb.museum, 19 €, erm. 9,50 €

## ADAC Spartipp

**Preiswerte Aussichtspunkte**
Den Berliner Dom kann man für 7 € (erm. 5 €, Kinder bis 18 J. frei!) Domerhaltungsgebühr erklimmen: über 267 Stufen zum äußeren Kuppelumgang (bei schlechtem Wetter geschlossen, dann Aussicht durch die Fenster). Oben belohnt unter den Engelsfiguren in 50 m Höhe ein herrliches Stadtpanorama, über Schlossplatz und Museumsinsel hinaus bis weit jenseits von Reichstag und Fernsehturm. Letzterer ist übrigens mehr als doppelt so teuer (S. 41, ab 16,50 €). Weitere Panorama-Alternativen: Französischer Dom (S. 27, 3,50 €, erm. 2 €, derzeit geschl.) oder die Siegessäule (S. 52, 3 €).

## g Bode-Museum

| Museum |

Unverkennbar thront der markant gerundete Neobarockbau des Bode-Museums an der Spitze der Museumsinsel: Den großen Kuppelsaal des Foyers beherrscht Andreas Schlüters Reiterstandbild des Großen Kurfürsten. Von hier gelangt man in die historischen Säle, darunter auch ein Nachbau der Basilica San Francesco al Monte von Florenz, ausgestattet mit italienischer Sakralkunst. Die benachbarten Säle beherbergen Schätze der Skulpturensammlung und des Museums für Byzantinische Kunst vom Frühmittelalter bis zum späten 18. Jh. sowie das Münzkabinett mit fast 3000 Jahren Geldgeschichte.

■ Am Kupfergraben, Di, Mi und Fr–So 10–18, Do 10–20 Uhr, 12 €, erm. 6 €

## P Parken

Keine Parkmöglichkeit direkt auf der Museumsinsel. In der Nähe **Parkhaus des Internationalen Handelszentrums** oder **City Quartier Dom-**

*Die charakteristischen glasierten Lehmziegel des Ischtar-Tores*

**Aquarée/Radisson Blu Hotel** (beide 3,50 €/2 Std. )

## Restaurants

€ | **Deponie Nr. 3** Rustikal ist das Lokal und auch die Speisen: Wer auf ordentlich deutsche Küche wie Eisbein und Schnitzel Appetit hat, ist hier richtig! Noch netter und grüner sitzt man draußen im Hof. ■ Georgenstr. 5, Tel. 030/20165740, www.deponie3.de, tgl. 10–ca. 24 Uhr, Plan S. 35 a2

€€ | **Da Vinci** Ein (fast) echter Italiener, aber keines der vielen hochpreisigen Nobellokale in dieser Gegend. Strategisch günstig an der Museumsinsel gelegen. Abends kann es eng und voll werden. ■ Georgenstr. (S-Bahnbogen 192), Tel. 030/20143143, www.davinci-ristorante.de, tgl. 10–ca. 24 Uhr, Plan S. 35 westl. a2

## Cafés

**Café Bode-Museum** Tolles Ambiente zwischen Kunst und Kulinarik unter der Kuppel im Kaffeehaus: Hier lässt man stilvoll das Gesehene Revue passieren bei Kaffee, Kuchen und Salaten. ■ Im Bode-Museum, Tel. 030/20214330, www.koflerkompanie.com, Di–So 10–18 Uhr, Plan S. 35 a1

## Einkaufen

**Antik- und Buchmarkt am Bode-Museum** Für alle Flohmarktfans ein lohnendes Pflaster: Hier stöbert man am Wochenende vor einer herrlichen Kulisse an 60 Ständen zwischen Büchern, Schallplatten, Militaria, Kristall, Schmuck, Hausrat usw. ■ Am Kupfergraben, Georgenstr., www.antikbuchmarkt.de, Sa, So 10–17 Uhr, Plan S. 35 a1/a2

## 9 Humboldt Forum

*Im rekonstruierten Stadtschloss soll ein modernes Wissensforum entstehen*

■ S Friedrichstraße und Hackescher Markt, U2 Hausvogteiplatz, Bus 100, 300
■ Humboldt-Forum: Schlossplatz 5, www.humboldt-forum.de

Südlich der Schlossbrücke stand einst das Berliner Stadtschloss (im Jahr 1443 eine Burg), das SED-Chef Walter Ulbricht 1950 sprengen ließ. 1973–76 entstand hier der Palast der Republik, in dem die Volkskammer der DDR tagte, der 2006–08 abgerissen wurde. 2013 begann der Bau des Humboldt Forums nach Entwürfen von Franco Stella mit barocken Fassaden und der Kuppel des Berliner Stadtschlosses. Hier werden das Ethnologische und das Museum für Asiatische Kunst und Teile der Humboldt-Universität einziehen. Die Eröffnung ist für September 2020 geplant. Am Südrand des Schlossplatzes erhebt sich das frühere Staatsratsgebäude der DDR (1962–64; heute Sitz der European School of Management and Technology), in den das dreigeschossige Lustgartenportal (1710) des Berliner Stadtschlosses integriert ist – von dem Balkon über dem Portal hatte Karl Liebknecht die Sozialistische Republik am 9. November 1918 ausgerufen.

## 10 Nikolaiviertel

*Berlins ältestes Bauensemble ist ein stimmungsvolles Open-Air-Museum*

■ U2 Klosterstraße
■ Zw. Spree, Mühlendamm und Spandauer Str., www.berlin-nikolaiviertel.com

Im Nikolaiviertel befand sich einst der Kern des alten Berlin, die Osthälfte der

*Was historisch aussieht, ist tatsächlich erst 30 Jahre alt*

Doppelstadt Berlin-Cölln. 1987 wurde es zur 750-Jahr-Feier von Berlin von Architekt Günter Stahn auf dem Reißbrett geplant, inklusive der Restaurierung einiger alter Häuser, die meisten jedoch sind Nachbauten oder hierher versetzte Häuser. In den autofreien Gassen herrscht Touristentreiben in Altberliner Milieu-Kulisse mit fünf Museen, einem historischen Pfad mit Informationstafeln, jeder Menge Cafés, Restaurants und Läden.

## Sehenswert

### Nikolaikirche

| Architektur |

Das Herz des Viertels ist die Nikolaikirche, die älteste Pfarrkirche Berlins (1230, mehrfach umgebaut bis 1879, 1981 wiederaufgebaut). Das Gebäude im Stil der Backsteingotik mit den 84 m hohen Doppeltürmen war Schauplatz wichtiger Ereignisse der Stadtgeschichte: Hier traten 1539 Rat und Stadt zum lutherischen Glauben über, 1809 wurde der erste Berliner Magistrat vereidigt, und nach der Wiedervereinigung Deutschlands am 11. Januar 1991 trat hier der erste frei gewählte Berliner Senat zu seiner konstituierenden Sitzung zusammen. Eine Ausstellung präsentiert Exponate aus Kunsthandwerk und v. a. sakraler (Textil-) Kunst, darunter das aus 41 bronzenen Klangkörpern bestehende Glockenspiel und das Zehdenicker Altartuch.

■ Nikolaikirchplatz, www.stadtmuseum.de, tgl. 10–18 Uhr, Museum: 5 €, erm. 3 €

### Zille Museum

| Museum |

Ein kleines Museum ganz in der Nähe widmet sich Leben und Werk von Heinrich Rudolf Zille, einem Milljöh-Maler, Zeichner, Fotografen und Berliner Original (1859–1929).

■ Probststr. 11, www.zillemuseum-berlin.de, tgl. 11–18 Uhr, 7 €, erm. 5 €

### Ephraim-Palais

| Museum |

Das bedeutendste historische Wohnhaus im atmosphärischen Nikolaiviertel ist das Ephraim-Palais (1762–66, 1985–87 um 16 m versetzt). Das Bauwerk mit der abgerundeten kostbaren Eckfassade im Rokokostil, benannt nach Hofjuwelier und Münzpächter Veitel Heine Ephraim, beherbergt heute Sonderausstellungen zur Berliner Kunst- und Kulturgeschichte. Sehenswert ist auch das ovale Treppenhaus mit seiner spiralförmigen Stufenfolge. Einen der Repräsentationsräume in der ersten Etage ziert die Kopie einer Stuckdecke (1704) von Andreas Schlüter aus dem 1889 abgerissenen Wartenbergschen Palais.

■ Poststr. 16, www.stadtmuseum.de, Di, Do–So 10–18, Mi 12–20 Uhr, 7 €, erm. 5 €, bis 18 J. freier Eintritt

### Knoblauchhaus

| Museum |

Schräg gegenüber steht ein weiteres elegantes Palais, das älteste Gebäude: das Knoblauchhaus von 1761. Die Barockfassade wurde 1806 klassizistisch verändert. In dem Anwesen des Nadlermeisters Johann Christian Knoblauch trafen sich im 18. Jh. bedeutende Persönlichkeiten wie Gotthold Ephraim Lessing, Wilhelm von Humboldt, Moses Mendelssohn und Freiherr vom Stein. Gemälde, Fotografien und Porzellan dokumentieren die Familiengeschichte und Bürgerliches Wohnen im Biedermeier in original eingerichteten Räumen.

*Seit 1969 überragt der Fernsehturm das östliche Stadtzentrum*

■ Poststr. 23, www.stadtmuseum.de, www.knoblauchhaus.de, Di–So 10–18 Uhr, Eintritt frei (Spende erbeten)

### Restaurants

€€ | **Zum Nußbaum** Die Altberliner Gaststätte wurde von der Fischerinsel hierher versetzt und war Stammlokal von Heinrich Zille. Hier genießen v. a. Touristen Deftiges und Fleischiges in Urberliner Ambiente zu fairen Preisen. ■ Am Nußbaum 3, Tel. 030/242 30 95, tgl. 12–24 Uhr

€€–€€€ | **Zur Gerichtslaube** In dem mittelalterlichen Gerichtsgebäude, ein gelungener Nachbau von 1270, munden echte Klassiker wie Berliner Klopse und Pökeleisbein. ■ Poststr. 28, Tel. 030/241 56 97, www.gerichtslaube.de, tgl. 11.30–ca. 24 Uhr

### Einkaufen

**Die Puppenstube** Käthe Kruse, Schildkröt oder die Berliner Buddy Bären: Hier findet sich neben kleineren Mitbringseln sogar der passende Nostalgiepuppenwagen. ■ Propststr. 4, Tel. 030/242 39 67, www.puppen-eins.de, Mo–Sa 10–18.30, So 11–18 Uhr

## 11 Rund um den Alexanderplatz

*Der Alex ist ein berühmter und beliebter Treffpunkt im Zentrum*

### Information

■ Berlin Tourist Info Point im Fernsehturm, Panoramastr. 1 a

■ S, U2 Alexanderplatz

Dem lebhaften Verkehrsknotenpunkt des Berliner Ostens setzte Alfred Döblin (1878–1957) mit seinem Roman »Berlin Alexanderplatz« 1929 ein literarisches Denkmal. In den 1960er/70er-Jahren entstanden auf dem Alex mehrere Hochhäuser – zum Beispiel das Haus des Lehrers, Haus des Reisens und Haus der Elektroindustrie. Die Nordseite beherrscht das frühere Inter-Hotel (1967–70), das heutige Park Inn (S. 45) mit 37 Etagen. Das Alexander- und das Berolinahaus (1929–32) sind Spätwerke von Peter Behrens, einem Architektur- und Designpionier der Neuen Sachlichkeit. Vor dem Alexanderhaus zeigt die 10 m hohe Urania-Weltzeituhr (1969) aus Stahl, Aluminium und Emaille die jeweils aktuelle Stunde in den 24 Zeitzonen der Welt an. An der Alexanderstraße, wo sich einst die Gestapozentrale befand, steht seit 2007 das Einkaufszentrum Alexa, ein roter Sandstein-Glas-Bau mit Art-déco-Anklängen. Josef Paul Kleihues wandelte 2006 das frühere DDR-Centrum-Warenhaus um in die Galeria Kaufhof – besonders gelungen ist der von einer Glaskuppel bekrönte Lichthof mit freitragenden Rolltreppen. Vor dem Kaufhaus plätschert das Wasser des bunt emaillierten Brunnens der Völkerfreundschaft (1970) über 17 große Schalen abwärts.

## Sehenswert

### Fernsehturm

| Aussichtspunkt |

6 *Eines der höchsten frei stehenden Bauwerke Europas*

Der 1969 eröffnete Fernsehturm erhebt sich in 368 m Höhe mitten in der City und ist stadtweit zu sehen. Die Architekten des einstigen Prestigeobjekts der DDR bewiesen Pioniergeist, denn man hatte keine Erfahrung mit dem Bau solch hoher Türme im Innenstadtbereich. Die verglaste Kugel von 32 m Durchmesser wiegt 4800 t. Darin befindet sich die Panoramaetage mit der Bar 203 in 203 m Höhe (tgl. 12–23.30 Uhr), über der sich das Restaurant Sphere (€€, tgl. 9–24 Uhr) innerhalb von 30 Min. einmal um die eigene Achse dreht und damit einen grandiosen Blick über die Stadt und das Umland ermöglicht.

■ Panoramastr. 1 a, www.tv-turm.de, März–Okt. tgl. 9–24, Nov.–Feb. tgl. 10–24 Uhr, Online-Tickets mit Zeitfenster, d. h. ohne 30 Min. Wartezeit, 19,50 €, erm. 12 €, vor Ort 15,50 €, erm. 9,50 €

### Neptunbrunnen

| Brunnen |

Den weiten Platz südwestlich vom Fernsehturm ziert der beeindruckende, 1891 von Reinhold Begas in Bronze gestaltete Neptunbrunnen: Meeresgott Neptun wird von vier Tritonen getragen. Um ihn herum tummeln sich Putten, mytische Meeres- und

*Die denkmalgeschützte Weltzeituhr ist ein beliebter Treffpunkt auf dem Alex*

Flussbewohner sowie diverse Wassertiere. Die Frauengestalten am Brunnenrand symbolisieren Elbe, Weichsel, Oder und Rhein. Der Brunnen wurde 1969 vom Berliner Stadtschloss hierher versetzt.

### Rotes Rathaus

| Gebäude |

Ein 90 m hoher markanter Viereckturm ziert das im Stil der Neo-Renaissance erbaute Rote Rathaus (1861–69). Die rote Klinkerfassade gab dem seit Anbeginn als Verwaltungsgebäude genutzten Bau seinen Namen. Heute residieren hier der Berliner Senat und der Regierende Bürgermeister.

■ Rathausstr. 15, Tel. 030/90 26 20 32, Besichtigungen Mo–Fr 9–18 Uhr

### St.-Marien-Kirche

| Kirche |

Die zweitälteste Pfarrkirche Berlins mit bedeutender Kunst des Mittelalters steht westlich des Fernsehturms: Die backsteinrote St.-Marien-Kirche (1250), eines der letzten Relikte des berlinischen Mittelalters, ist dreifach geweiht, nämlich der Jungfrau Maria, der hl. Anna und dem hl. Mauritius. Der viereckige, gestaffelte Turm wurde im 17. Jh. aus hellem Muschelkalk angefügt, seine barocken Formen gestaltete Carl Gotthard Langhans 1789/90 neo-

## ADAC Mittendrin

Eine Straße mit Traufenhäusern aus dem 18 Jh. Dazwischen die Gaststätte **Zur letzten Instanz** mit bezauberndem Mini-Biergarten. In dem ältesten erhaltenen Wirtshaus von Berlin (1621) speisten schon Heinrich Zille, Clara Zetkin und Charlie Chaplin Berliner Hausmannskost – det hat sich herumjesprochen ...

*€€ | Waisenstr. 14–16, Tel. 030/242 55 28, www.zurletzteninstanz.com, Di–Sa 12–1 Uhr*

*Vielleicht kehrt der Neptunbrunnen bald an seinen ursprünglichen Standort zurück*

gotisch um. Die Innenausstattung ist vor allem berühmt wegen des 22 m langen Freskos der Totentanz eines unbekannten Künstlers (vermutlich aus dem Pestjahr 1484).
Das Marx-Engels-Forum mit dem überlebensgroßen Bronzedenkmal des sitzenden Karl Marx und des stehenden Friedrich Engels wurde wegen des Baus der U-Bahn-Linie U5 zwischen Alex und Brandenburger Tor 2010 von der Marienkirche zur Liebknechtbrücke am Schlossplatz versetzt.

■ Karl-Liebknecht-Str. 8, www.marienkirche-berlin.de, tgl. 10–18 Uhr

## DDR Museum

| Museum |

Wer ein wenig sozialistischen Alltag nach- oder wiedererleben möchte, ist im DDR Museum richtig. In der spannenden Ausstellung ermöglicht interaktive Technik z. B. eine simulierte Trabi-Fahrt durch eine Plattenbausiedlung, man nimmt Platz in einer original eingerichteten Wohnung oder erfährt von den Abhör- und Verhörmethoden der Stasi. Nebenan tischt das DDR-Restaurant Domklause »Geschichte zum Genießen« auf: Broiler, Ketwurst und Grilletta.

■ Karl-Liebknecht-Str. 1, Eingang an der Spreepromenade gegenüber vom Dom, www.ddr-museum.de, So–Fr 10–20, Sa 10–22 Uhr, online buchbare Tagestickets 8,50 €, erm. 5,50 €

## Restaurants

**€ | Kantine Deluxe** Für den schnellen Hunger: Das Lokal ist etwas trubelig, aber das Essen schmeckt, von Pizza und Pasta über Burger bis hin zu Buletten, die Preise sind korrekt. Bestellt wird am Tisch per Tablet. ■ Spandauer Str. 2, Tel. 030/34 39 26 26, www.kantine-deluxe.de, tgl. 11–23 Uhr

*Unter Honeckers gestrengem Blick hörte die Stasi stets mit*

## Kinder

**AquaDom & Sea Life** Im weltgrößten Aquarium Sea Life mit rund 50 Becken können Besucher die Flora und Fauna aus Flüssen und Meeren erleben, von der Spree bis zum Atlantik. Eindrucksvoll sind der Schwarmring, ein Aquarium um einen Besucherraum, und das Atlantik Tiefseebecken u. a. mit Haien, denen man in einem Glastunnel ganz nah kommt. Highlight ist der Aqua Dom in der Lobby des Radisson Blu Hotels: das mit 25 m Höhe größte freistehende Aquarium der Welt – ein Zylinder, durch den ein Aufzug fährt!

■ Spandauer Str. 3, www.visitsealife.com, tgl. 10–19 Uhr, online diverse Spar- und Kombitickets ab 12,50 €, erm. ab 8,70 €

## Am Abend

Wer denkt, Las-Vegas-Shows wie im Friedrichstadt-Palast wären nun alles, was Berlin zu bieten hat, der irrt gewaltig: Das Spektrum der Spielstätten für Oper, klassische Konzerte und Theater, Show und Kabarett ist riesig. Hier nur eine winzige Best-of-Auswahl aus dem Epizentrum des Geschehens, aus Mitte.

### Bühne

**Berliner Ensemble (BE)** Hier feierten Bertolt Brecht und Kurt Weill 1928 mit der »Dreigroschenoper« eine glanzvolle Uraufführung, es folgten Stücke wie »Mutter Courage und ihre Kinder« oder »Der aufhaltsame Aufstieg des Arturo Ui« mit Martin Wuttke (1995), die weltweit Furore machten. ■ Bertolt-Brecht-Platz 1, S, U Friedrichstraße, Tel. 030/28408155 (Karten), www.berliner-ensemble.de

**Friedrichstadt-Palast** Fast 2000 Zuschauer erleben hier in Europas größtem Revuetheater Show und Tanz auf höchstem Niveau und die wohl längste Girlreihe der Welt! Allabendlich schwingen über 30 Tänzerinnen ihre langen Beine, stets faszinierend mit viel Glamour und Glitzer, Akrobatik und ausgefeilter Bühnentechnik. ■ Friedrichstr. 107, S, U Friedrichstraße, Tel. 030/23262326, www.palast.berlin

**Kabarett Distel** In dem berühmten, 1953 gegründeten Ostberliner Kabarett nahm man schon zu DDR-Zeiten kein Blatt vor den Mund. ■ Friedrichstr. 101, S, U Friedrichstraße, Tel. 030/204 4704, www.distel-berlin.de

**TIPI am Kanzleramt** In dem Showzelt herrscht immer Stimmung, mit stehenden Ovationen oder trampelnden Füßen. Das Programm reicht von Musicals (Cabaret) über Chansonkonzerte bis hin zu Klamauk. ■ Große Querallee, Bus 100, Tel. 030/39066550, www.tipi-am-kanzleramt.de

### Konzerte

**Staatsoper Unter den Linden** Hier sang schon Enrico Caruso (1873–1921)! Die in der einstigen Königlichen Hofoper (1741–43) musizierende Staatskapelle Berlin ist eines der ältesten Orchester der Welt (15. Jh.), dirigiert von Legenden wie Giacomo Meyerbeer und Richard Strauss. Daniel Barenboim (* 1942) wirkt als Generalmusikdirektor und Chefdirigent auf Lebenszeit. Zu den drei festen Spielstätten des Staatsballetts gehören auch Deutsche Oper und Komische Oper. ■ Unter den Linden 7, Bus 100, Tel. 030/2035 4555 (Tickets), Tel. 030/20354438 (Führungen), www.staatsoper-berlin.de, www.staatsballett-berlin.de

### Kneipen, Bars und Clubs

**Capitol Beach** Gegenüber vom Hauptbahnhof kann man direkt an der Spree im Liegestuhl bei Lounge-Musik, Barbecue und Cocktails auf der grünen Wiese die Seele baumeln lassen, Palmen sorgen für's karibische Urlaubs-Feeling. ■ Ludwig-Erhardt-Ufer, Spreebogenpark, U55 Bundestag, tgl. ab 10 Uhr

**House of Weekend** Für Fans elektronischer Tanzmusik: zwei Dance Floors und super Aussicht vom riesigen Dachgarten im 14. Stock – und gar nicht nur am Wochenende. ■ Alexanderstr. 7, S, U Alexanderplatz, www.houseofweekend.berlin, Di–So ab 19 Uhr

**Murphy's** Irish Pub mit gutem Bier und Live-Konzerten, während das Rumpsteak auf dem »Hot Stone« am Tisch vor sich hin brutzelt. ■ Schiffbauerdamm 1, S, U Friedrichstraße, Tel. 030/28493800, www.murphys-berlin.de, Mo–Do ab 14, Fr–So ab 12 Uhr

## Übernachten

### €

**Mercure Berlin** Nicht vom Plattenbau abschrecken lassen – zentraler und preiswerter mit Drei-Sterne-Komfort geht's kaum: riesige Zimmer in einem ehemaligen Wohnhaus, und eine hausinterne Bar verlockt zum gemütlichen Absacker. ■ Mollstr. 4 (Alexanderplatz), Tel. 030/2757270, www.mercure.com

### €€

5 **Park Inn by Radisson** Wohnen mit Top-Aussicht: Das ehemalige Inter-Hotel aus DDR-Zeiten punktet außerdem mit sehr gutem Frühstücksbüfett. ■ Alexanderplatz 7, Tel. 030/68075940, www.parkinn-berlin.de

### €€/€€€

**Westin Grand** Altmodisch charmant: Allein die Freitreppe in der Lobby lohnt einen Aufenthalt hier, da darf der Gast sich fühlen wie im Film. Das Fünf-Sterne-Grand-Hotel war schon zu DDR-Zeiten das nobelste Haus. ■ Friedrichstr. 158–164, Tel. 030/20270, www.westingrandberlin.com

### €€€

**art'otel Berlin Mitte** Eine hervorragende Kombination aus historischem Prachtbau im Rokokostil (Ermeler Haus) und einem Neubau mit Kunstwerken von Georg Baselitz und modernem Ambiente. ■ Wallstr. 70–73, Tel. 030/240620, www.artotelberlinmitte.de

## ADAC Das besondere Hotel

**Adlon-Kempinski** Eine Hotel-Legende: Wer Rang und Namen hat, logiert bei einem Berlin-Besuch in der nostalgisch-noblen Herberge, wie zuvor schon Queen Elisabeth, die Rockefellers oder indische Maharadschas, US-Präsident Barack Obama, die Rolling Stones oder Brad Pitt.

*€€€ | Unter den Linden 77, Tel. 030/22610, www.kempinski.com*

# Potsdamer Platz und Tiergarten

*Am Rand des Tiergartens erheben sich die Bauten der Neuzeit auf dem einstigen Mauerstreifen: ein gänzlich neues Stadtviertel*

Am Potsdamer Platz ist noch ein Hauch der alten Kaiserzeit und der Weimarer Jahre zu spüren. Schon in den 1920er-Jahren galt der Platz mit U- und S-Bahn-Linien als verkehrsreichster Punkt Europas, ab 1924 sorgte hier Deutschlands erste Ampel für reibungslosen Verkehrsfluss.

Gleichzeitig entwickelte sich ein lebhaftes Vergnügungszentrum, mit eleganten Hotels. Doch der Bombenhagel im Zweiten Weltkrieg und die Teilung der Stadt ließen den Potsdamer Platz und den benachbarten Leipziger Platz zur trostlosen Brachfläche verkommen mit Mauer und Grenzstreifen. Spektakulär: Ein Stück Geschichte in der Zukunft ist hier bewahrt! Beim Entstehen der neuen Stadtmitte nach Plänen der namhaftesten internationalen Architekten integrierte man Ruinenfragmente, etwa originale Teile des Kaisersaals, in die Hochhauslandschaft.

Auch das nahegelegene Kulturforum mit Gemäldegalerie und Neuer Nationalgalerie vereint das Alte und Moderne auf vorbildliche Weise, von Rembrandt über Andy Warhol bis Gerhard Richter. An die schreckliche Zeit des Zweiten Weltkriegs und die Nazi-Herrschaft erinnern Gedenkstätten wie die des Deutschen Widerstands und die Ausstellung Topographie des Terrors. Doch auch positive Einflüsse sind weltweit von Deutschland ausgegangen: Deutsche Architektur von Weltrang wird im Bauhaus-Archiv dokumentiert. Für Fluchten ins Grüne und Erholungspausen vom Sightseeing- und Shoppingstress bietet sich der Große Tiergarten mit seinen idyllischen Plätzen an Seen und Spazierwegen an.

## In diesem Kapitel:

## ADAC Empfehlungen:

6 **Deutsches Spionagemuseum**
| Museum |
Nicht nur für 007-Fans ein Muss: Berlin war und ist die Hauptstadt der Spionage. Hier erfährt man warum. ..... 49

7 **Kollhoff-Tower/ »Panoramapunkt«**
| Aussichtspunkt |
Aus dem 25. Stock des Wolkenkratzers von Hans Kollhoff den Blick über Berlins neue Mitte genießen. .......... 49

8 **Großer Tiergarten**
| Park |
Die »grüne Lunge« Berlins ist mit dem 2006 eröffneten Tiergartentunnel wieder zusammengewachsen, ganz im Sinne Lennés. ............................... 52

9 **Wintergarten Varieté**
| Varieté |
Das Theater mit seinen rasanten Artistik-Shows auf der Potsdamer Straße ist eine Berliner Institution. ............. 58

*Das Forum des Sony Centers ist mittlerweile ein Wahrzeichen der Stadt*

# 12 Potsdamer Platz

*Touristenmagnet, Einkaufsoase und Schauplatz der Berlinale*

- S1, U2 Potsdamer Platz
- www.potsdamerplatz.de

Der Potsdamer Platz ist ein komplett neues Stadtviertel aus insgesamt 19 Gebäuden im Herzen Berlins – Ende der 1990er-Jahre geschaffen von einem internationalen Architektenteam unter Leitung von Renzo Piano. Die drei Komplexe Sony Center, Daimler Areal (Stadtquartier Potsdamer Platz) und Beisheim Center sind am besten zu sehen von der Aussichtsplattform des 103 m hohen Kollhoff-Tower (S. 49) gleich gegenüber des verglasten Deutsche-Bahn-Turms.

Ähnlich dem »Walk of Fame« in Los Angeles kann man auf dem Mittelstreifen der Potsdamer Straße wandeln: dem »Boulevard der Stars« mit 100 goldenen Sternen zu Ehren von Marlene Dietrich bis Mario Adorf. Vor dem Stage Theater am Potsdamer Platz wird jedes Jahr im Februar der rote Teppich für Film- und Fernsehgrößen aus aller Welt ausgerollt, die zu den Vorführungen und Preisverleihungen der Berlinale (S. 102) schreiten.

### Sehenswert

**Sony Center**

| Bauwerk |

Das im Jahr 2000 fertiggestellte Sony Center vom deutsch-amerikanischen Architekten Helmut Jahn besteht aus sieben Glas- und Stahlbauten rund um das von einem Zeltdach überspannte Forum: Hier lohnt die Deutsche Kinemathek – Museum für Film und Fernsehen einen Besuch, der einer Zeitreise gleichkommt. Ein Highlight ist die Marlene Dietrich Collection mit Fotos, Requisiten, Kostümen und Briefen der Schauspielerin (1901–92).

Die Zeitreise stilecht fortsetzen kann man im Kaisersaal: In dem einstigen

Restaurant verkehrte zu seiner Zeit Kaiser Wilhelm II. beim Herrenabend. Dieser hochherrschaftliche neobarocke Saal, zweigeschossig und 1300 t schwer, wurde in einer spektakulären Aktion 1996 auf Luftkissen um 75 m verschoben und ins Sony Center integriert. Originalgetreu restauriert: die Toilette unter dem Kaisersaal mit marmornen Urinalen und Waschbecken, in dem sich schon der Kaiser die Hände wusch. Außerdem sind weitere einzelne originale Fragmente, z. B. des historischen Frühstückssaals, hinter Glas zu bestaunen, etwa Kamin und Wandlampen (Bellevuestraße).

Die Säle gehörten zum weitgehend kriegszerstörten Grand Hotel Esplanade (1907/08), wo die Schauspielerlegenden Asta Nielsen, Greta Garbo und Charlie Chaplin ein- und ausgingen. Die Esplanade-Ruine stand jahrzehntelang im verwaisten Niemandsland zwischen Ost und West und diente mehrfach als Filmkulisse, etwa für »Cabaret« mit Liza Minelli (1972) und »Der Himmel über Berlin« (1987) von Wim Wenders.

■ Postdamer Platz: www.sonycenter.de, Deutsche Kinemathek – Museum für Film und Fernsehen: www.deutsche-kinemathek.de, Mi–Mo 10–18, Do 10–20 Uhr, 8 €, erm. 5 €, Do 16–20 Uhr freier Eintritt

## Deutsches Spionagemuseum

| Museum |

6 *Spannende Informationen über spektakuläre Spionagefälle*

Bei einem teils virtuellen Rundgang wird der Bogen von der Antike bis zur Gegenwart geschlagen: Beispielsweise mit 3D-Brillen und Zeitzeugenberichten erfährt man mehr zum berüchtigten Agentenaustausch an der Glienicker Brücke, über Tunnelbauten und die Abhörstation am Teufelsberg. Außerdem staunt man über versteckte Kameras in Streichholzschachteln und BHs, Pistolen im Lippenstift und Messer im Schuh sowie den Spionage-Trabi mit Infrarotkamera. Hier kann man sich natürlich auch gleich als Agent testen, etwa im Laserparcours.

■ Leipziger Platz 9, www.deutsches-spionagemuseum.de, tgl. 10–20 Uhr, 12 €, erm. 8 € (Kinder unter 6 J. frei)

## Kollhoff-Tower/ »Panoramapunkt«

| Aussichtspunkt |

7 *Hier schweift der Blick über Berlins neue Mitte*

In dem markanten Wolkenkratzer im puristischen Ziegelstein-Design der 1930er-Jahre, benannt nach Hans Kollhoff, einem Mitglied im Architektenteam um Renzo Piano, nimmt man den Aufzug in den 24. Stock und lässt den Blick 360 Grad schweifen. Toll ist auch der Sonnenuntergang im Café auf der Terrasse im 25. Stock.

■ Potsdamer Platz 1, www.panoramapunkt.de, Sommer tgl. 10–20, Winter tgl. 10–18 Uhr, Café 11–19 bzw. 17 Uhr, 7,50 €, erm. 6 €

## P Parken

Tiefgarage/div. Parkhäuser vorhanden.

## Restaurants

**€–€€ | Mommseneck** Spätabends ist der zentralste Platz Berlins ziemlich ausgestorben, aber auch zu vorgerückter Stunde immer noch zuverlässig offen ist das rustikale »Haus der 1000 Biere« mit gutbürgerlicher Küche.

■ Alte Potsdamer Str. 1, Tel. 030/2529 6635, www.mommseneck.de, tgl. 11–1 Uhr

## Im Blickpunkt

### Bahnbrechende Bauten der Berliner Moderne

In der Weimarer Republik entwickelte Stadtbaurat Martin Wagner (1885–1957) ein auch international beachtetes Baukonzept für sozialen Wohnungsbau. Der Architekt Bruno Taut (1880–1938) war an der Planung von vier der sechs Siedlungen der Berliner Moderne beteiligt, die seit 2008 zum UNESCO-Weltkulturerbe gehören. Die Gartenstadt Falkenberg (1913–16, Treptow) ist durch Reihenhäuser mit Gärten geprägt. Die Großsiedlung Britz (1925–30, Neukölln), mit der Hufeisensiedlung, weist eine Mischung von Einfamilien- und Etagenwohnhäusern auf. 1957 entstand nach Plänen von 48 Architekten, darunter Walter Gropius, Max Taut und Oscar Niemeyer das Hansa-Viertel am S-Bahnhof Bellevue, mit Hochhäusern und Flachbauten mit kulturellen Einrichtungen.

## 13 Museum für Kommunikation

*Spannend-anschauliche Sammlung rund um Kommunikation und Post*

■ U2 Mohrenstraße, U6 Stadtmitte
■ Leipziger Str. 16, Ecke Mauerstraße, www.mfk-berlin.de, Di 9–20, Mi–Fr 9–17, Sa, So, Fei 10–18 Uhr, 6 €, erm. 3 €

Ein repräsentativer Neobarockbau aus wilhelminischer Zeit beherbergt das 1872 als Postmuseum gegründete Museum für Kommunikation. Neben historischen Telegrafenapparaten, der ersten Telefonzelle Berlins (von 1929) und den Landkarten für Post und Verkehr ist eine Kollektion von Postwertzeichen zu sehen. Highlights sind die beiden Exemplare der wohl berühmtesten Briefmarken der Welt: die Rote und Blaue Mauritius (Mitte 19. Jh.).

## 14 Topographie des Terrors

*Dokumentation zur Schreckensherrschaft der Nationalsozialisten*

■ S1 Potsdamer Platz, Anhalter Bahnhof, U2 Potsdamer Platz, U6 Kochstraße
■ Niederkirchnerstr. 8, www.topographie.de, tgl. 10–20 Uhr, Außengelände bis Sonnenuntergang, Eintritt frei

Die Gedenkstätte Topographie des Terrors erinnert an die Gräuel der Nazizeit. Auf diesem Areal befanden sich von 1933 bis 1945 das Hauptquartier der gefürchteten Geheimen Staatspolizei, Gestapo, und ab 1939 das von Reichsführer SS Heinrich Himmler gegründete Reichssicherheitshauptamt. Dessen Leiter Reinhard Heydrich hatte zuvor den im nahen Prinz-Albrecht-Palais untergebrachten Sicherheitsdienst der SS befehligt. Die im Krieg beschädigten Bauten wurden 1955 abgerissen und 1987 zum Ausstellungsforum umgestaltet – inklusive einiger Reste der historischen Bebauung und einem 200 m langen Stück Berliner Mauer. Im 2010 eröffneten Dokumentationszentrum veranschaulichen Foto- und Texttafeln, Multimedia-Präsentationen und historische Schriftstücke die Geschichte von Gestapo, SS und Terrorbürokratie.

## 15 Martin-Gropius-Bau

*Eleganter Rahmen für große internationale Wechselausstellungen*

■ S1 Potsdamer Platz, Anhalter Bahnhof, U2 Potsdamer Platz, U6 Kochstraße
■ Niederkirchnerstr. 7, www.gropiusbau.de, Mi–Mo 10–19 Uhr, ca. 15 €, erm. ca. 10 € (Eintritt frei bis 16 J.)

Der Martin-Gropius-Bau (1877–81) erhebt sich im Stil der Neorenaissance um einen Lichthof mit gewölbtem Glasdach, um den sich die Etagen galerieartig und von Säulen getragen emporranken. Die Fassade ist geschmückt mit auffälligen Goldmosaiken und Terrakottafriesen. Die Architekten Heino Schmieden und Martin Gropius schufen den gewaltigen Bau in der Nachfolge von Karl Friedrich Schinkels Bauakademie. Beherbergte er bis 1920 das Königliche Kunstgewerbemuseum, so sind hier seit den frühen 1990er-Jahren internationale Wechselausstellungen zu kulturgeschichtlichen Themen sowie zu Strömungen und Akteuren der modernen und zeitgenössischen Kunst zu sehen.

*Zeichen der Zeit im Museum für Kommunikation*

### Cafés

**Gropius** Im Sommer speist man im Schatten von Bäumen im Mini-Biergarten, ansonsten drinnen unter Kronleuchtern: Kuchen, Baguette, Pasta und andere Leckereien. ■ Martin-Gropius-Bau, Tel. 030/25 48 60

### Entspannung

**Liquidrom** Relaxen kann man in der Bade- und Saunalandschaft beim Floating im Salzwasser unterm Sternenhimmel und bei Farb- und Lichtspielen, im »OMM-Klangbecken« sowie bei den verschiedensten Wellnessbehandlungen. ■ Möckernstr. 10, www.liquidrom-berlin.de, So–Do 9–24, Fr, Sa 9–1 Uhr, ab 20 € (2 Std. Sauna und Therme)

# 16 Großer Tiergarten

8 *Das größte Erholungsgebiet mitten in der Stadt*

■ S Tiergarten, Bellevue, Zoologischer Garten, U55 Brandenburger Tor, Bundestag, U9 Hansaplatz
■ Straße des 17. Juni

Idyllische Wasserläufe, Teiche und Wiesen, der weitverzweigte Neue See mit Café und Bootsverleih, Spazierwege, die an allerlei Brunnen und Skulpturen (oft Denkmäler großer deutscher Dichter und Komponisten) vorbeiführen – so präsentiert sich der Tiergarten heute wieder. Kaum zu glauben: Nach dem Zweiten Weltkrieg hatten die Berliner die Bäume abgeholzt und im Park Kartoffeln und Rüben angebaut. Doch schon 1949 gab der legendäre Regierende Bürgermeister jener dramatischen Jahre, Ernst Reuter (1889–1953), mit dem Anpflanzen einer Linde das Zeichen zur Wiederaufforstung.
Die Geschichte des Tiergartens begann 1527, als Brandenburgs Kurprinz Joachim der Jüngere einen Tier- und Lustgarten zur Jagd anlegen ließ. Friedrich der Große veranlasste 1742 die Umgestaltung zu einem Barockpark. Und im 19. Jh. verwandelte Peter Joseph Lenné diesen wiederum in einen englischen Landschaftsgarten.
Die Straße des 17. Juni Richtung Brandenburger Tor führt quer durch den Tiergarten. Sie wurde 1695 als Verbindung zwischen Stadtschloss und Schloss Charlottenburg angelegt. 1953 erhielt die Trasse in Erinnerung an den Volksaufstand in der DDR ihren heutigen Namen. Sie führt vorbei am Sowjetischen Ehrenmal (1946), einer 6 m hohen Marmorfigur eines Rotarmisten.

**Sehenswert**

### Siegessäule

| Bauwerk |

»Goldelse« nennen die Berliner ihre Viktoria wenig respektvoll. Die populäre goldglänzende Figur der römischen Siegesgöttin bekrönt die Siegessäule (1864-73) auf dem Platz Großer Stern inmitten des Tierparks. Die 8 m hohe Figur trägt Lorbeerkranz und Speer. Wer ihr auf der luftigen Aussichtsplattform in rund 50 m Höhe Gesellschaft leisten möchte, muss eine Wendeltreppe mit 285 Stufen im Inneren der Säule erklimmen, die übrigens aus vergoldeten Geschützrohren errichtet worden ist. Am Sockel aus rotem Granit zeigen Bronzereliefs Szenen aus den Befreiungskriegen. Ein Glasmosaik an der Innenwand des Säulengangs thematisiert die deutsche Einheit nach dem Sieg über Frankreich 1871.

■ Großer Stern, April–Okt. tgl. 9.30–18.30, Nov.–März bis 17.30 Uhr, 3 €, erm. 2,50 €

### Schloss Bellevue

| Schloss |

Wo heute das weiße Schloss Bellevue den nördlichen Teil des Tiergartens überblickt, hatte sich zunächst ab 1746

## ADAC Wussten Sie schon?

Nachbar des HKW ist seit 1987 das **Berliner Carillon**, ein Konzertglockenspiel mit 68 Klangkörpern, aufgehängt in einem quaderförmigen Granitturm. Hörenswert sind die Konzerte (i.d.R. Mai–Sept. So 15 Uhr, anschließend Turmführung, www.carillon-berlin.de) des Carillonneurs Jeffrey Bossin. Bei Applaus gibt es natürlich auch eine Zugabe!

Georg Wenzeslaus von Knobelsdorff, der Leibarchitekt Friedrichs des Großen, ein Haus gebaut. Das frühklassizistische Bellevue entstand 1785–87 mit Schlosspark, wurde nach dem Krieg 1959 rekonstruiert und dient seit 1994 als Amtssitz des Bundespräsidenten. Eindrucksvoll ist der ovale Festsaal im Obergeschoss. Der Park gab damals herrliche Aussichten auf andere Schlösser, Parks und die Spree frei – daher der Name Bellevue, »schöner Ausblick«. Im Südteil steht das 1996–98 elliptisch gebaute Bundespräsidialamt.

■ Spreeweg 1, www.bundespraesident.de (Führungen nach Anmeldung, derzeit neun Monate Wartezeit!)

### Haus der Kulturen der Welt

| Bauwerk |

Das Haus der Kulturen der Welt (HKW) im nördlichen Teil des Tiergartens hieß ursprünglich Kongresshalle und war der US-amerikanische Beitrag zur Internationalen Bauausstellung im Jahr 1957. Der geschwungenen Dachform wegen verpassten die Berliner der Halle den Namen »Schwangere Auster«. Im dazugehörigen großen Wasserbecken fällt die Bronzeplastik »Zwei Formen« (1956) des für seine abstrakten Skulpturen bekannten Bildhauers und Zeichners Henry Moore auf. Heute finden hier Ausstellungen, Konzerte und Musikfestivals statt.

■ John-Foster-Dulles-Allee 10, www.hkw.de, Mi–Mo 10–19, Do bis 22 Uhr, Ausstellungen: Mi–Mo 12–19, Do bis 22 Uhr

## Restaurants

€–€€ | **Teehaus im Englischen Garten** Draußen herrscht legere Stimmung im Biergarten, drinnen ist alles weiß gedeckt und fein vom Frühstück bis zum Wiener Schnitzel. Berühmt ist der Konzertsommer mit Gratiskonzerten, wo So ab 16 Uhr getanzt werden kann. ■ Altonaer Str. 2, Tel. 030/39480400, www.das-teehaus.jimdo.com, Mo–Sa 12–ca. 24, So ab 10 Uhr

€€ | **Café am Neuen See** Drinnen bei Kaminfeuer und Kerzenschein oder draußen im Biergarten bei Sonnenschein und Selbstbedienung mit bayerischen Spezialitäten und Steinofen-Pizza. ■ Lichtensteinallee 2, Tel. 030/2544930, www.cafeamneuensee.de, tgl. ab 9–ca. 24 Uhr, Biergarten: Mo–Fr ab 12, Sa, So ab 11 Uhr, im Winter geschl.

## ADAC Mittendrin

Originales Berlin-Flair erlebt man beim Bummeln und Essen in den Bistros in der **Moabiter Arminius-Markthalle** (1891) nördlich vom Tiergarten: ob bei den Wraps der »Piekfein«-Gastronomie oder bei Tacos von Eduardo im »Lucha Libre«, beim BBQ oder Würstchen. Geschenke und kleine Mitbringsel gibt es im Schlupfladen, außerdem finden Weinverkostungen statt.
*Arminiusstr. 2–4 (4 Eingänge), www.arminiusmarkthalle.com, Mo–Sa 8–22, Gastronomie ab 12 Uhr*

## Einkaufen

**KPM – Königliche Porzellan-Manufaktur Berlin** Die KPM-Welt lohnt einen Besuch: Erlebnisausstellung, Manufaktur-Besichtigung, Workshops, und im Werksverkauf gibt es die kostbaren Stücke etwas günstiger. ■ Wegelystr. 1, www.kpm-berlin.de, Mo–Sa 10–18 Uhr (mit Café)

# 17 Kulturforum

*Hier begeistern bedeutende Kunstsammlungen von Weltrang*

*Die Gemäldegalerie beeindruckt mit ihrer Fülle bedeutender Exponate*

### Information

- Bus M41, M48, M85, 200, 300
- Matthäikirchplatz, www.smb.museum, Kulturforum: alle Ausstellungen 16 €, erm. 8 €, bis 18 J. freier Eintritt
- Parken: siehe S. 56

Das Berliner Kulturforum nahe dem Potsdamer Platz gilt als westliches Pendant zur Museumsinsel und entstand nach Plänen von Hans Scharoun (1893–1972) mit Architektur-Klassikern wie der 1960–63 errichteten Berliner Philharmonie. In den folgenden Jahrzehnten kamen die Staatsbibliothek und die vier Museen dazu.

### Sehenswert

#### a Gemäldegalerie
| Museum |

Die seit 1998 wiedervereinte Sammlung mit glanzvollen Werken Alter Meister des 13.–18. Jh. gehört zu den bedeutendsten ihrer Art in Europa. In den 18 Sälen und 41 Kabinetten werden um die 1000 Meisterwerke präsentiert – Arbeiten von Albrecht Dürer, Lucas Cranach d. Ä., Peter Paul Rubens, Sandro Botticelli, Raffael, Tizian, Giorgione und Caravaggio oder Meistern der Renaissance wie Andrea Mantegna und Giovanni Bellini. Absoluten Weltrang besitzt die Rembrandt-Sammlung

Plan
S. 56

mit 16 Gemälden des großen Niederländers, darunter »Simson und Delila« (1628), »Simson bedroht seinen Schwiegervater« (1635) und »Jakob im Kampf mit dem Engel« (1660).

■ Di, Mi, Fr 10–18, Do 10–20, Sa, So 11–18 Uhr, 10 €, erm. 5 €

### b Kupferstichkabinett und Kunstbibliothek

| Ausstellung |

Im 1994 eröffneten Kupferstichkabinett und der Kunstbibliothek (mit der Gemäldegalerie durch das Foyer zu erreichen) präsentiert sich eine der größten grafischen Kollektionen der Welt. Das Kupferstichkabinett besitzt rund 110 000 Zeichnungen, Aquarelle, Pastelle und Ölskizzen, dazu 550 000 Druckgrafiken vom Mittelalter bis zur Gegenwart von Botticelli, Dürer, Rembrandt, Picasso und Andy Warhol. Da die Kunstwerke äußerst licht- und luftempfindlich sind, gibt es keine Gesamtschau, aber eine Reihe von Wechselausstellungen. Interessierte können sich nach Voranmeldung auch Werke in einem Studiensaal vorlegen lassen.

■ Di–Fr 10–18, Sa, So 11–18 Uhr, Preise variieren für Wechselausstellungen

### c Kunstgewerbemuseum

| Museum |

Hier dreht sich alles um europäische Gebrauchskunst und Kunsthandwerk vom Mittelalter bis heute. Herausragende Stücke: der Welfenschatz mit dem Welfenkreuz aus dem 11. Jh. und das Lüneburger Ratssilber (15./16. Jh.). In interessantem Kontrast dazu stehen die Sammlung zu zeitgenössischem Produktdesign und eine Modegalerie.

■ Di–Fr 10–18, Sa, So 11–18 Uhr, 8 €, erm. 4 €

### d St.-Matthäus-Kirche

| Kirche |

Das Gotteshaus wurde 1844–46 nach Plänen von Friedrich August Stüler in neobyzantinischem Stil errichtet und nach Kriegsschäden äußerlich originalgetreu wiederhergestellt. Im Aufgang zum Turm hängen 16 Gemälde zum Matthäus-Evangelium von Gisela Breitling. Musikfreunde schätzen die regelmäßig stattfindenden Konzerte.

■ www.stiftung-stmatthaeus.de, Di–So 11–18 Uhr

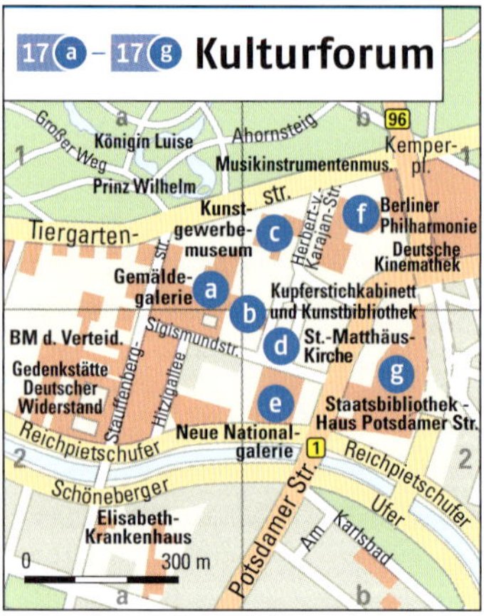


## e Neue Nationalgalerie

| Museum |

Architekt Ludwig Mies van der Rohe schuf den Stahl-Glas-Bau 1965–68. Das Bauwerk gilt als Wahrzeichen der Moderne und steht unter Denkmalschutz. Derzeit ist die Neue Nationalgalerie wegen Modernisierungsarbeiten geschlossen. Die Sammlung zur Kunst des 20. Jh., die voraussichtlich ab 2020 hier wieder zu sehen sein wird, umfasst Werke von Edvard Munch, Pablo Picasso, Ernst Ludwig Kirchner, Max Beckmann, Otto Dix, Paul Klee, Max Ernst, Salvador Dalí, Francis Bacon, Gerhard Richter und Andy Warhol. Die Sammlung wird derzeit im Hamburger Bahnhof (S. 62) gezeigt.

■ Potsdamer Str. 50

## f Berliner Philharmonie

| Konzertsäle |

Die Philharmonie wurde von Hans Scharoun nach akustischen Kriterien konzipiert: Der Orchesterraum befindet sich fast im Mittelpunkt des Konzertsaals und wird von den Zuschauerreihen umringt. Bemerkenswert ist auch die Dachsilhouette, die Scharoun als Himmelszelt verstanden wissen wollte. 1963 wurde das Gebäude eingeweiht, 1979 erhielt es seine goldschimmernde Kunststoffverkleidung. Nebenan entstand 1984–87 der Kammermusiksaal.

■ Herbert-von-Karajan-Str. 1, Tel. 030/25 48 89 99 (Tickets), www.berliner-philharmoniker.de, Führungen Sept.–Juni tgl. 13.30 Uhr, 5 €, erm. 3 €, Tel. 030/25 48 81 34

## g Staatsbibliothek – Haus Potsdamer Straße

| Bibliothek |

Die Staatsbibliothek Unter den Linden war nach dem Mauerbau für BRD-Bürger nicht mehr zugänglich. Daher errichtete Hans Scharoun im Westen 1967–76 einen Neubau an der Potsdamer Straße. Die räumliche Trennung blieb nach der Wiedervereinigung bestehen, doch firmieren seit 1991 beide Büchersammlungen unter dem Namen »Staatsbibliothek zu Berlin – Preußischer Kulturbesitz«. Das Bibliotheksgebäude an der Potsdamer Straße wird zurzeit bei laufendem Betrieb saniert. Das »Bücherschiff« ist 229 m lang, 152 m breit und versammelt auf 81 000 m² rund 11 Mio. Bücher und Druckschriften aus aller Welt mit dem Schwerpunkt Geistes- und Sozialwissenschaften. Zum Bestand gehören 430 Nachlässe, darunter die von Herder, Fichte, Schopenhauer, Hegel, Mendelssohn, Hauptmann, Baedeker und Sauerbruch.

■ Potsdamer Str. 33, Tel. 030/266-0, www.staatsbibliothek-berlin.de, Mo–Fr 9–21, Sa 10–19 Uhr

## P Parken

Parkhaus Sony Center ca. 7 €/Std. oder Potsdamer Platz Arkaden (über Reichpietschufer) 1–2 €/Std.

### Restaurant

€€€ | **Golvet** Fast ein gläserner Speisesaal im 8. Stock eines Bürohauses mit tollem Ausblick: gediegenes Fine Dining mit guter Weinauswahl. ■ Potsdamer Str. 58, Tel. 030/89064222, www.golvet.de, Di–Sa 19–22.45 Uhr, Plan S. 56 b2

## 18 Gedenkstätte Deutscher Widerstand

*Eine ergreifende Dokumentation an historischem Schauplatz*

■ Bus M29
■ Stauffenbergstr. 13–14, Eingang über den Ehrenhof, www.gdw-berlin.de, Mo–Mi, Fr 9–18, Do 9–20, Sa, So, Fei 10–18 Uhr, Eintritt frei

Die Gedenkstätte befindet sich im Bendlerblock, 1935–45 Sitz des Oberkommandos der Wehrmacht. Hier fand am 20. Juli 1944 der Umsturzversuch einiger Wehrmachtsoffiziere um Claus Schenk Graf von Stauffenberg statt. Im 2. Stock des Gebäudes informiert seit 1968 eine Ausstellung über den »Widerstand gegen den Nationalsozialismus« und den Attentatsversuch auf Hitler an diesem historischen Ort. Auch das fehlgeschlagene Attentat des Schreiners Georg Elser auf Adolf Hitler am 8. November 1939 im Münchener Bürgerbräukeller und die Widerstandsbewegung »Weiße Rose« werden hier dargestellt.

## ADAC Spartipp

**Lunch-Konzerte in der Philharmonie** Dienstags in der Konzertsaison treffen sich Klassikfans im Foyer der Philharmonie: Man lauscht den Musikern bei Kammermusik und intimer Atmosphäre sowie kleinen Leckereien (€). *Herbert-von-Karajan-Str. 1, Sept.–Juni Di 13–14 Uhr (früh hingehen!), www.berliner-philharmoniker.de, Eintritt frei (Spende an UNICEF gern gesehen, rechts Garderobe)*

## 19 Bauhaus-Archiv

*Erinnerungen an die bedeutendste Kunst- und Designschule des 20. Jh.*

■ U2 Nollendorfplatz, Bus M29, 100
■ Klingelhöferstr. 14, www.bauhaus.de, bis vorauss. 2021 wegen Sanierung geschlossen; Ausstellung zur Museumsgeschichte und für Veranstaltungen: the temporary bauhaus-archiv, Knesebeckstr. 1–2, Mo–Sa 10–18 Uhr, Eintritt frei

Bereits 1964 hatte Walter Gropius (1883–1969) ein Museumsgebäude für das von ihm mitbegründete Bauhaus entworfen, das 1979 fertiggestellt wurde. Das Bauhaus-Archiv und das Museum für Gestaltung bilden die weltgrößte Sammlung zu jener bedeutenden Kunstschule, die Baukunst und Design des 20. Jh. maßgeblich prägte. Anlässlich des Jubiläums »100 Jahre Bauhaus« im Jahre 2019 wird das Gebäude bis vorauss. 2021 saniert und durch einen Neubau erweitert.

### Restaurants

€€–€€€ | **Tra Di Noi** Ein kleiner Italiener mit Pizza, Pasta & Co., alles zu ordentlichen Preisen. ■ Lützowplatz 5, Tel. 030/26557987, www.ristorante-tradinoi.de, Mo–Fr 12–24, Sa, So 17–24 Uhr

## Am Abend

Theater, Konzerte, Clubs oder Kino – hier wird jeder nach seiner Façon am Abend glücklich. Rund um den Potsdamer Platz bricht v. a. im Februar alljährlich bei der Berlinale das Kinofieber mit Promi-Gucken aus.

### Bühne

**GRIPS Theater** Das GRIPS ist bekannt für zeitgenössisch-politisches Volkstheater: Der Klassiker seit 1986 ist die »Linie 1« – sehenswert! ■ Spielstätten: Altonaer Str. 22 (Tiergarten), U9 Hansaplatz, und Grips Podewil in der Klosterstr. 68 (Mitte), U2 Klosterstraße, Tel. 030/ 39 74 74 77, www.grips-theater.de

**Stage Theater am Potsdamer Platz** Bunte Shows und hochkarätige Musicals: von Stars & Sternchen über Comedy bis zu berühmten Ballett-Ensembles. ■ Marlene-Dietrich-Platz 1, S, U Potsdamer Platz, Ticket-Hotline 0180/ 544 44, www.stage-entertainment.de, Di–Fr 18.30 o. 19.30, Sa, So 14.30 u. 19 Uhr

9 **Wintergarten Varieté** Berlins bekanntestes Varieté-Theater mit Artistik und Tanz, Musik und Clownerie zum Staunen – gut speisen kann man hier unter dem »Sternenhimmel«. ■ Potsdamer Str. 96, U1 Kurfürstenstraße, Ticket-Tel. 030/58 84 33, www.wintergarten-berlin.de

### Konzerte

**Berliner Philharmonie** Eine erste Adresse in Sachen klassische Musik und Heimatbühne der legendären Berliner Philharmoniker unter dem neuen Dirigenten Kirill Petrenko. ■ Herbert-von-Karajan-Str. 1, S, U Potsdamer Platz, www.berliner-philharmoniker.de

**Tempodrom** Die markante Beton-Zeltdachkonstruktion dient als Konzertstätte mit vielfältigem Kultur-, Show- und Musikprogramm. ■ Möckernstr. 10, U1 Möckernbrücke, Ticket-Hotline 0180/655 41 11, 0,20 €/Min., mobil mehr, www.tempodrom.de

### Kneipen, Bars und Clubs

**Solar** Hoch in den 17. Stock geht es in der angesagten Bar, eine Sky Lounge mit Wohnzimmer-Atmosphäre und guten Drinks. Der gläserne Aufzug fährt auch ins Restaurant (€€) in den 16. Stock – reservieren! ■ Stresemannstr. 76, S Anhalter Bahnhof, Tel. 0163/ 765 27 00, www.solarberlin.com, So–Do 18–2, Fr, Sa bis 3 Uhr

**Trompete** Der Club ist bekannt für »After-Work-Partys« (Do Tanz ab 19 Uhr) oder die Bowle bei den »Mädchen-Musik«-Samstagen, die auch 40-Plus-Publikum besucht. ■ Lützowplatz 9, Bus 100, 200, www.trompete-berlin.de (Fr, Sa je nach Programm)

### Kinos

**Sommerkino Kulturforum** Auf der Freifläche zwischen den Museen des Kulturforums werden jedes Jahr zwischen Ende Juni und Anfang September bei wunderbarer Atmosphäre spannende Filme gezeigt. ■ Matthäikirchplatz 4–6, Bus 200, www.yorck.de

## Übernachten

Noch zentraler kann man in Berlin kaum mehr wohnen: Das hat natürlich auch seinen Preis, dennoch bieten sich einige nette familienfreundliche Hotels als Unterkunftsmöglichkeiten an.

### €

**Rewari Hotel Berlin** Hier ist die Lage einfach toll. Familiär geführtes Hotel in einem Altbau aus dem Jahr 1868 mit 50 modern zweckmäßig eingerichteten Zimmern (teilweise Familienzimmer) auf vier Etagen, nette Wirte, Sitzpavillon im Innenhof. ■ Stresemannstr. 36, Tel. 030/258 00 70, www.rewari-hotel.berlin

### €€

**NH Collection Berlin Mitte** Hier kann man es aushalten: Stylishes und familienfreundliches Hotel (Kinder bis 12 J. kostenfrei) mit überaus abwechslungsreichem Frühstücksbüfett, sehr bemühter Service. Eigenes Parkhaus, Fitnessstudio und Spa. ■ Leipziger Str. 106–111, Tel. 030/22 38 85 99, www.nh-hotels.de

### ADAC Das besondere Hotel

**Grimm's Potsdamer Platz** »Märchenhafte« Zimmer, nicht nur für Kinder, königliche (Suite-) Betten, aber keine Prinzessin auf der Erbse. Schneewittchen und Hans im Glück würden hier buchen! Hotel mit familiärer Atmosphäre und besonderem Frühstücksbüfett. Für Familien oder längere Aufenthalte gibt es auch Appartments.
*€€ | Flottwellstr. 45, Tel. 030/258 00 80, www.grimms-hotel.de*

### €€–€€€

**Vilhelm 7** In der Mini-Boutique-Herberge kann man sich richtig zu Hause fühlen: minimalistisch-schicke und individuell geschmackvoll mit Kunstwerken eingerichtete Zimmer im Erdgeschoss eines typischen Berliner Altbaus, zum Innenhof sehr ruhig, gutes Frühstück mit WG-Atmosphäre. ■ Wilhelmstr. 7, Tel. 030/23 57 70 50, www.vilhelm7.de

### €€€

**Sheraton Berlin Grand Hotel Esplanade** (Bild links) Dieses Haus hat jeden seiner fünf Sterne verdient! Allein schon die hauseigene Harry's New York Bar ist den Aufenthalt hier wert. ■ Lützowufer 15, Tel. 030/25 47 80, www.esplanade.de

# Nördlich der Spree – Mitte und Prenzlauer Berg

*Die Spandauer Vorstadt und ihr Scheunenviertel sowie der Prenzlauer Berg haben sich zu Rund-um-die-Uhr-Ausgehvierteln entwickelt*

Aus einem ehemaligen Armenviertel entwickelte sich im Laufe der Jahrhunderte einer der attraktivsten Bezirke Berlins. Nach 300 Jahren ist das Scheunenviertel heute voller Leben, Kultur und Attraktionen.

Dabei hat das Viertel auch eine traurige historische Bedeutung: Rund um die Oranienburger Straße war im 18. und 19. Jh. ein Zentrum jüdischen Lebens in der Stadt. Davon zeugen noch heute die prächtige Neue Synagoge ebenso wie der Alte Jüdische Friedhof in der Großen Hamburger Straße. Gleich nebenan wurden das frühere Knabenheim und das 1943 zerstörte jüdische Altersheim von den Nazis als Sammelstelle für 55 000 Berliner Juden zweckentfremdet, um sie dann in Konzentrationslager zu deportieren. Will Lammerts Bronzegruppe Jüdische Opfer des Faschismus (1957) erinnert daran. Von einem weiteren düsteren Berlin-Kapitel erzählen die Schicksale der Mauertoten – die Gedenkstätte Berliner Mauer in der Bernauer Straße ist zu ihren Ehren errichtet worden.

Auch in dem zu DDR-Zeiten einstigen Arbeiter- und Künstlerquartier im Prenzlauer Berg entstand nach der Maueröffnung ein Szene- und Studentenviertel. Mit jedem restaurierten Gründerzeithaus verwandelte sich die Bilderbuchkulisse mit den lauschigen Cafés und Kneipen in eine bei Nicht-Berlinern begehrte Wohngegend.

## In diesem Kapitel:

## ADAC Top Tipp:

**7 Museum für Naturkunde**
| Museum |
Ein Highlight, nicht nur bei schlechtem Wetter oder für Dino-Fans – das Museum mit seinen gigantischen Urviechern ist spektakulär. .............. 63

## ADAC Empfehlungen:

**10 Sammlung Boros**
| Kunstsammlung |
Wer an moderner Kunst der 1990er- und 2000er-Jahre interessiert ist, kommt an dem Zweite-Weltkriegs-Bunker nicht vorbei! ........................ 64

**11 KulturBrauerei**
| Kulturzentrum |
Konzerte, Salsa, Kino und ein Museum sind heute in der ehemaligen Schultheiss-Brauerei zu finden. .................. 70

**12 Anna Blume**
| Café |
Hier kann man am Kollwitzplatz die Seele baumeln lassen, bei einem leckeren Frühstück. ........................... 71

**13 Prater Garten**
| Biergarten |
Das Traditionslokal ist Berlins ältester Biergarten mit deftigen Speisen und kühlem Bier vom Fass. ...................... 72

*Das Spreeufer jenseits des Hauptbahnhofs ist ein beliebter sommerlicher Treffpunkt*

## 20 Hauptbahnhof

*Gigantisches gläsernes Drehkreuz des europäischen Fernverkehrs*

### i Information

- Berlin Tourist Info, Europaplatz (EG), Tel. 030/25 00 25, www.einkaufsbahnhof.de, www.bahnhof.de, tgl. 8–22 Uhr
- S, U55 Hauptbahnhof

Unübersehbar steht der Berliner Hauptbahnhof (1996–2006) zwischen dem Europaplatz im Norden und dem Washingtonplatz im Süden – mit seiner glas- und chromglitzernden Fassade nach dem Entwurf von Meinhard von Gerkan. Jeden Tag halten hier am einstigen Lehrter Bahnhof knapp 1300 Züge der Regional- und Fernbahn, S- und U-Bahn: rund 300 000 Reisende am größten Turmbahnhof Europas! Durch die über 300 m lange verglaste Gleishalle des Fernbahnhofs schweift der Blick hinüber zum Spreebogen mit Kanzleramt und Reichstag. Überbrückt wird das Glaskonstrukt von zwei gedrungenen, turmartigen Bügelbauten.

### P Parken

Parkplatz und Parkhaus ab 2,50 €/Std., www.parkenambahnhof.de

## 21 Hamburger Bahnhof – Museum für Gegenwart – Berlin

*Jede Menge klassische Moderne und zeitgenössische Kunst*

- S, U55 Hauptbahnhof
- Invalidenstr. 50–51, www.smb.museum, Di, Mi und Fr 10–18, Do 10–20, Sa, So 11–18 Uhr, ab 8 €, erm. 4 €, bis 18 J. Eintritt frei

Der spätklassizistische, 1847 erbaute Kopfbahnhof wurde im Krieg zerstört. Erst in den 1980er-Jahren gelang die Rekonstruktion des eindrucksvollen

Gebäudeensembles unter Leitung von Josef Paul Kleihues. Heute zählt der Hamburger Bahnhof – Museum für Gegenwart – Berlin zu den aufregendsten Kultstätten der zeitgenössischen Kunst. Hier finden die riesigen Bestände der Nationalgalerie der Staatlichen Museen zu Berlin eine spannende Präsentationsfläche – aktuell auch Teile aus der wegen Sanierung geschlossenen Neuen Nationalgalerie (S. 56) am Kulturforum.
Es sind Werke von Andy Warhol, Joseph Beuys und Anselm Kiefer sowie Installationen und Projektionen beispielsweise von Bruce Naumann, Isa Genzken, Candida Höfer, Nam June Paik und Cindy Sherman zu sehen.

## 22 Museum für Naturkunde

7 *Die Stufen der Evolution und das größte Saurierskelett der Welt*

■ U6 Naturkundemuseum
■ Invalidenstr. 43, www.museumfuernaturkunde.berlin, Di–Fr 9.30–18, Sa, So, Fei 10–18 Uhr, 8 €, erm. 5 €

Das 1889 eröffnete Museum zeigt eine spannende Dauerausstellung zu Evolution, Menschwerdung, System Erde, Kosmos und Sonnensystem. Moderne und kindgerechte Medien verraten alles Wissenswerte über die gezeigten Skelette, Präparate und Fossilien, Mineralien und Meteoriten.
Die Stars sind der Brachiosaurus brancai (13 m hoch, 23 m lang, 38 t schwer; neuer wissenschaftlicher Name seit 2009: Giraffatitan brancai), das höchste aufgebaute Saurierskelett der Welt. Er stammt wie die vier anderen gezeigten Saurier vom Fundort Tendaguru in Tansania und ist etwa 150 Mio. Jahre alt. Die Besucher erleben virtuell die Welt dieser mächtigen Echsen des Oberen Jura. Ebenfalls aus dieser Epoche stammt das Berliner Exemplar des Urvogels Archaeopteryx lithographica, der hier im Original zu sehen ist. Auch die Tierpräparate, wie Gorilla Bobby oder der schon zu Lebzeiten berühmte Eisbär Knut – beide aus dem Berliner Zoo –, sind faszinierend.

### Kinder

Führungen für Kinder ab 5 Jahre, Kindersonntage oder Kindergeburtstage im Museum – für kleine Museumsbesucher gibt es in der Welt der Dinos viele spannende Angebote.

### Restaurants

€–€€ | **Bonfini** Gemütlich-familiäre Pizzeria mit freundlichem Service und leckeren Speisen (tagsüber €), hinten kleiner Open-Air-Bereich. ■ Chausseestr. 15, Tel. 030/95614848, www.bonfini.de, Mo–Fr 12–24, Sa, So ab 17, in den Sommerferien tgl. ab 17 Uhr

## ADAC Mobil

Einen **Parkplatz per App** zu buchen statt lange zu suchen, funktioniert z. B. bei Parknav (www.parknav.com/city/berlin), Parkopedia (www.parkopedia.de) und Parku (Tel. 030/12064329, www.parku.com/de). Per Handynavigation geht es nach der Registrierung zum nächsten freien Parkplatz, Parkgebühren werden abgebucht, selbst Schranken öffnen sich mit dem QR-Code-Scanner.

# 23 Dorotheenstädtischer Friedhof

*Letzte Ruhestätte vieler Berühmtheiten mit dem Brecht-Haus nebenan*

- U6 Oranienburger Tor
- Chausseestr. 126, www.stiftung-historische-friedhoefe.de
- Brecht-Haus: Chausseestr. 125, Tel. 030/200 57 18 00, www.adk.de

Auf dem 1762 angelegten Friedhof ruhen viele berühmte Dichter und Künstler, etwa die Philosophen Johann Gottlieb Fichte und Georg Wilhelm Friedrich Hegel, Preußens großer Baumeister Karl Friedrich Schinkel, der Bildhauer Johann Gottfried Schadow, die Dichter Heinrich Mann, Arnold Zweig, Anna Seghers, Komponist Hanns Eisler und Heiner Müller. Viel besucht werden vor allem die schlichten Gräber von Bert Brecht und seiner Frau, der Schauspielerin und Theaterprinzipalin Helene Weigel, nordöstlich an der Friedhofsmauer.
Im benachbarten Brecht-Haus sind die Brecht-Weigel-Gedenkstätte, das Bertolt-Brecht-Archiv und das Literaturforum beheimatet. Die original eingerichteten Wohn- und Arbeitsräume kann man besichtigen (nur nach Anmeldung).

## Gefällt Ihnen das?

An die Teilung Berlins in DDR-Zeiten erinnern noch heute der ehemalige Grenzübergang am **Checkpoint Charlie** (S. 29) sowie die Mauerreste an der **East Side Gallery** (S. 78).

### Sehenswert

**Sammlung Boros**

| Kunstsammlung |

10 *Allein der Bunker aus dem Zweiten Weltkrieg ist ein Hingucker*

Wo einst Bananen aus Kuba lagerten, betrachtet man heute eine private Sammlung zeitgenössischer Kunst: Hier sieht man die Stars des 21. Jh. wie Damien Hirst, Ai Weiwei, Tobias Rehberger, John Bock und Wolfgang Tillmans in einem Bunker (1942) mit spektakulär inszenierten Kunsträumen.

- Reinhardtstr. 20, www.sammlung-boros.de, Besichtigung Do–So nach Voranmeldung auf der Website, 15 €, erm. 9 €, S, U Friedrichstraße, U Oranienburger Tor

# 24 Gedenkstätte Berliner Mauer

*Zentraler Erinnerungsort für die Todesopfer an der Mauer*

- U8 Bernauer Straße
- Bernauer Str. 111 und 119, www.berliner-mauer-gedenkstaette.de, Besucher- und Dokumentationszentrum Di–So 10–18, Gedenkstättenareal tgl. 8–22 Uhr, Eintritt frei

Die Gedenkstätte besteht aus einem etwa 60 m langen Grenzstreifen mit künstlich verfremdeter Mauer. Der frühere Todesstreifen ist heute auf insgesamt 1,4 km Länge begehbar, 30 Tafeln mit Fotografien dokumentieren Hintergründe, berührende Einzelschicksale, geglückte Tunnelfluchten sowie tragische Todesfälle. Im Dokumentationszentrum informieren ein Modell und die Ausstellung »Berlin, 13. August 1961« über den Mauerbau und seine Folgen für die Berliner und die Welt.

## Im Blickpunkt

### Die Berliner Mauer – Geschichte und Geschichten

Ein schmales, oft unterbrochenes Band aus zweireihig verlegtem Kopfsteinpflaster führt quer durch und um Berlin. Eingraviert ist die Inschrift »Berliner Mauer 1961–1989« – es zeichnet den einstigen Verlauf der Mauer nach.
Deren Bau begann am 13. August 1961 als trauriger Höhepunkt des Kalten Krieges. Die DDR-Regierung ließ um den Westteil Berlins insgesamt 155 km Sperranlagen anlegen. Allein 43,1 km trennten die beiden Stadthälften voneinander. Es hieß, der »Antifaschistische Schutzwall« solle gegen Spionage und Aggression aus dem Westen schützen. Tatsächlich diente die Mauer dazu, die große Fluchtbewegung gen Westen einzudämmen. Die DDR-Grenzsoldaten hatten Befehl, gezielt zu schießen – und so kamen 1961 bis 1989 mindestens 139 DDR-Bürger bei Fluchtversuchen ums Leben, darüber hinaus starben mindestens 251 Menschen während oder nach Kontrollen an den Berliner Grenzübergängen. Im Westberliner Notaufnahmelager Marienfelde kamen bis 1990 rund 1,35 Mio. DDR-Abtrünnige vorläufig unter.
Die Reaktion der US-Regierung auf den Mauerbau war verhalten, was viele Berliner enttäuschte. Andererseits hatte US-Präsident John F. Kennedy schon im Juli 1961 versprochen, dass es in der Frage der Freiheit West-Berlins keine Kompromisse geben werde. Entsprechend stürmisch wurde er bei seinem Berlin-Besuch 1963 empfangen. Als Kennedy am 26. Juni vor dem Rathaus Schöneberg die berühmten Worte »Ich bin ein Berliner!« ausrief, jubelte ihm die Menge zu. Der Anfang vom Ende der Mauer und der Teilung Deutschlands zeichnete sich 1986 mit dem Antrittsbesuch des russischen Präsidenten Michail Gorbatschow in Berlin ab.

# 25 Oranienburger Straße

*Faszinierende Meile für Touristen und Nachtschwärmer*

■ S Hackescher Markt, S1 Oranienburger Straße, U6 Oranienburger Tor

Die Oranienburger Straße zwischen Hackeschem Markt und Oranienburger Tor verheißt Kontraste auf Schritt und Tritt: gut besuchte Kneipen, Cafés und Restaurants und nicht zuletzt die imposante Neuen Synagoge. In den jüngsten Jahren bekam die Flaniermeile allerdings ein immer touristischeres Flair. Dennoch findet jeder hier seine kulinarische Nische – von der Frittenbude bis zum Multi-Kulti-Dining.

## Sehenswert

### Neue Synagoge Berlin – Centrum Judaicum

| Synagoge |

Ihre goldglänzende, 50 m hohe Kuppel erhebt sich strahlend über der Oranienburger Straße, und minarettartige Seitentürme unterstreichen ihr orientalisches Erscheinungsbild. Die Hauptsynagoge Berlins entstand 1859–66 nach Plänen von Eduard Knoblauch durch Friedrich August Stüler. Mit ihren 3200 Plätzen war sie das größte und prächtigste jüdische Gotteshaus in Deutschland. In der Pogromnacht 1938 setzte die SA das Gebäude in Brand, doch es konnten größere Schäden abgewendet werden.

Die Stiftung Neue Synagoge Berlin – Centrum Judaicum informiert hier über die Geschichte der Juden in Berlin und die Baugeschichte der Synagoge, Exponate und Modelle erinnern an den einstigen Glanz. Auch die Jüdische Gemeinde und der Jüdische Kulturverein haben hier ihren Sitz.

■ Oranienburger Str. 28–30, www.centrumjudaicum.de, April–Sept. Mo–Fr 10–18, So bis 19, Okt.–März So–Do 10–18, Fr 10–15 Uhr, an jüdischen Feiertagen geschl., 7 €, erm. 4.50 € (kein Zutritt mit Taschen größer als 55 x 40 x 23 cm); Kuppel nur April–Sept.

### Jüdische Mädchenschule

| Kunstgalerien |

In der Auguststraße mit ihren vielen Galerien ist die ehemalige Mädchenschule (1927) heute ein Hort von Kunst, Kultur und Lebensstil: In den früheren Klassenräumen präsentieren drei Galerien Kunst der Gegenwart, und zwei schick designte Restaurants laden zum Verweilen ein. Außerdem gibt es ein kleines privates Kennedy-Museum.

■ Auguststr. 11–13, www.maedchenschule.org, Galerien: Di–Fr 10–18, Sa ab 11 Uhr, Eintritt frei, The Kennedys: 5 €, erm. 2,50 €; Restaurants: Pauly Saal & Bar, www.paulysaal.com; The Deli und Mogg, www.moggmogg.com, beide Tel. 030/330 06 07 70

### Monbijou-Park

| Park |

Am südöstlichen Ende der Oranienburger Straße, vis-à-vis dem Bode-Museum, liegt der kleine Monbijou-Park, be-

## ADAC Mittendrin

**Tanz Pavillon** Wer zu Swing, Tango, Walzer oder Salsa das Tanzbein schwingen will, ist hier richtig. Ab ca. 18–20 Uhr Tanzkurs (ca. 8 €, Sa/So manchmal schon ab 16 Uhr), ab 20 Uhr dann freies Amüsement. *Monbijoustr. 3, am Spreeufer, im Sommer bis 3. Okt. bei gutem Wetter tgl.*

*Die Kuppel der Neuen Synagoge ist schon von Weitem zu sehen*

nannt nach dem Hohenzollernschloss, das einst hier stand. Er ist dank Künstlerateliers, Sportanlagen und Kinderschwimmbecken ein allseits populärer Treffpunkt. Sommers lockt die Strandbar Mitte jenseits der S-Bahn-Gleise.

### Restaurants

**€€ | Vino & Basilico** Mehr Bistro als Gaststätte, kleine Karte, authentisch italienisch. Alle Speisen werden äußerst appetitanregend präsentiert, preiswerter Mittagstisch (€). ■ Tucholskystr. 18/20, Tel. 030/27 87 88 85, www.vinoebasilico.com, Mo–Fr 12–24, Sa, So, Fei ab 18 Uhr

### Einkaufen

**Bonbonmacherei** Handgemachte Naschereien in Berlins einziger Bonbon-Werkstatt: saure Mischung oder die Berliner Waldmeisterblätter nach original Berliner Rezept. ■ Oranienburger Str. 32 (Heckmann-Höfe), www.bonbonmacherei.de, Mi–Sa 12–19 Uhr

## 26 Alter Jüdischer Friedhof

*Erinnerungsstätten großer jüdischer Tradition in Berlin*

■ S Hackescher Markt
■ Große Hamburger Str. 26, www.jg-berlin.org, April–Sept. Mo–Do 7.30–17, Fr 7.30–14.30, So 8–17, Okt.–März Mo–Do 7.30–16, Fr 7.30–14.30, So 8–16 Uhr

Der Alte Jüdische Friedhof wurde von 1672 bis 1827 genutzt. An der Friedhofsmauer finden sich rund 20 Inschriftentafeln. Eine davon erinnert an Gumpericht Jechiel Aschkenasi, der 1672 als Erster hier beigesetzt wurde. 1943 verwüsteten Nazis den Gottesacker und pflügten die 3000 Gräber um, darunter auch die Ruhestätten von Moses Mendelssohn (gest. 1786) und Veitel Heine Ephraim (gest. 1775), dem Hofbankier Friedrichs des Großen. So erscheint der Friedhof heute als eine Grünfläche mit Bäumen.

*Wohnen und Arbeiten, Gastronomie und Kultur, verteilt auf acht verbundene Höfe*

## 27 Hackesche Höfe

*Berühmte Hofanlage mit Art-déco-Fassaden, Theatern und beliebten Lokalen*

- S Hackescher Markt
- Rosenthaler Str. 40/41 und Sophienstr. 6, www.hackesche-hoefe.com

Mit 10 000 m² Fläche sind die Hackeschen Höfe (1906) der größte Hofkomplex Europas. Bei der Restaurierung der acht Höfe legte man 1997 Wert auf den Erhalt der ursprünglichen und typischen Mischnutzung (Wohnraum, Gewerbe, Festsäle). Die Cafés, Bars und Restaurants, Theater, Galerien und Modegeschäfte ziehen das Publikum in Scharen an. Von besonderem kunsthistorischem Wert ist der erste Hof zur Rosenthaler Straße, der mit seiner bunt glasierten Art-déco-Fassade begeistert. Ein fester Bestandteil der Berliner Szene ist das Chamäleon Theater (S. 72) im einstigen Ballsaal der Hackeschen Höfe.

### Sehenswert

**Museum Blindenwerkstatt Otto Weidt/Anne Frank Zentrum**

| Museum |

Neben den Hackeschen Höfen unterhält die Gedenkstätte Deutscher Widerstand das kleine Museum über die Blindenwerkstatt des Bürstenfabrikanten Otto Weidt (1883–1947), der in Nazi-Deutschland hier blinde und gehörlose Juden beschäftigte und einige auch versteckte. Die Gedenkstätte Stille Helden (tgl. 10–20 Uhr) erinnert an jene, die verfolgten Juden ein Versteck geboten haben. Im selben Hof zeigt das Anne Frank Zentrum eine

Dokumentation zum Leben von Anne Frank (1929–45). Das Zentrum veranstaltet Workshops zur Prävention von Diskriminierung und Rassismus.
■ Rosenthaler Str. 39, www.museum-blindenwerkstatt.de, tgl. 10–20 Uhr, Eintritt frei; Anne Frank Zentrum: www.annefrank.de, Di–So 10–18 Uhr, 6 €, erm. 3,50 €

### Restaurants

€€ | **Hackescher Hof** Im Kaffeehausstil der 1920er-Jahre speist man hier im großen Saal mit endlos langer Theke, wechselnde Menüs (Tipp: günstigere 3-Gang-Menü-Mittagskarte 12–16 Uhr, €), an der Straße zum Sehen und Gesehenwerden, am schönsten hinten im etwas ruhigeren Hof. ■ Rosenthaler Str. 40/41, Tel. 030/2825293, www.hackescher-hof.de, Mo–Fr ab 8, Sa, So ab 9 Uhr

### Einkaufen

**Eat Berlin** Leckereien zum Mitnehmen, »Berliner Originale« aber auch Internationales wie Chutney und Pesto.
■ Rosenthaler Str. 40, Hof 4, www.eatberlinstore.de, Mo–Sa 11.30–19.30 Uhr

**Gretchen** Schick-Trendiges vom bekannten Berliner Modelabel, ob Pumps oder Stiefeletten, Abendtasche oder Rucksack, Geldbörse, Gürtel oder Armbänder. ■ Hof 4, www.mygretchen.com, Mo–Fr 11–19, Sa 10.30–19.30 Uhr

## 28 Sophienstraße

*Gründerzeitliche Bauten voller Geschichte und Überraschungen*

■ S Hackescher Markt

Die Sophienstraße ist einer der sehr gut erhaltenen Berliner Straßenzüge des 18./19. Jh., die restaurierten Gebäuden beherbergen heute Restaurants, Cafés und Modegeschäfte, Clubs, Galerien und Theater. Das älteste Haus der Straße (Nr. 11) entstand mit hübscher Barockfassade Mitte des 18. Jh. (heute das Restaurant Sophien 11). Das Handwerkervereinshaus (Nr. 18) von 1905 zieht mit einem prächtig dekorierten Doppelportal aus Terrakotta die Blicke auf sich: In den 1910er-/20er-Jahren war es Treffpunkt der revolutionären Linken bei Versammlungen mit Reden von Karl Liebknecht und Rosa Luxemburg. Seit 1996 bietet es mit den Sophiensaelen (www.sophiensaele.com) eine Spielstätte für freies (Laien-) Theater, Performances und experimentelle Musik.
Beachtenswert sind auch die Sophie-Gips-Höfe (Nr. 21) mit der Kunstsammlung Hoffmann, die Werke des 20./21. Jh. zeigt. Junge Kunst leuchtet hier neben Klassikern wie Joseph Beuys, Gerhard Richter und Bruce Naumann. Eine Augenweide ist das Nachbarhaus (Nr. 22/22a), hinter dessen neogotischer Fassade sich ein opulentes Jugendstil-Treppenhaus verbirgt. Die Spandauer Vorstadt und insbesondere ihr östlicher Teil (das Scheunenviertel rund um Sophienstraße und Auguststraße) weist mit über 90 Galerien die größte Konzentration an Kunstagenturen weltweit auf.

### Cafés

**Barcomi's Deli** Abseits des Trubels genießt man Kaffeespezialitäten und kleine Gerichte im 2. der Sophien-Gips-Höfe. Unbedingt probieren: die köstlichen Torten und Kuchen. ■ Sophienstr. 21, Tel. 030/28598363, www.barcomis.de, Mo–Sa 9–21, So, Fei ab 10 Uhr

# 29 KulturBrauerei

11 *Kultur, Kulinarisches und Nachtleben in einem Industriedenkmal*

**Information**

- TIC Tourist Information Center Sudhaus 2, Sredzkistr. 1, Tel. 030/44 35 21 70, tgl. 11–19 Uhr
- U2 Eberswalder Straße
- Eingänge: Schönhauser Allee 36, Knaackstr. 97, Sredzkistr. 1, Tel. 030/44 35 26 14, www.kulturbrauerei.de
- DDR-Ausstellung: www.hdg.de/museum-in-der-kulturbrauerei, Di–So 10–18, Do bis 20 Uhr, Eintritt frei

Die ehemalige Schultheiss-Brauerei ist ein Ensemble aus 20 Backsteinbauten, im neoromanischen Stil. In der 1887 erbauten Industrieanlage veranstaltet heute die KulturBrauerei Theater-, Kunst- und Musikevents. »Kultur-Untermieter« ist die Ausstellung »Alltag in der DDR«. Theater bieten das Ramba-Zamba (www.rambazamba-theater.de) und das Russische Panda-Theater (www.russisches-theater.de). Konzerte und Veranstaltungen finden im Kesselhaus, Palais und im Salon im Turm statt. Nicht zu vergessen: das Kino, ein Design-Kaufhaus, Märkte und Restaurants, der Soda/Club 23 oder der frannz Club.

## ADAC Mittendrin

Die **Innenhöfe der KulturBrauerei** sind ebenso Schauplatz von Partys und Festivals, z. B. im Sommer dem Klassik Open Air (www.klassik-open-air.de) und im Winter dem Lucia-Weihnachtsmarkt.

## ADAC Mobil

Berlin mit seinen weiten Grünflächen und Parks lässt sich hervorragend auf dem **Zweirad** erkunden. Es gibt diverse geführte **Thementouren** und individuelle Ausleihen, z. B. bei Berlin on bike in der KulturBrauerei (www.berlinonbike.de, Mitte März–Mitte Nov. tgl. 8–20, sonst Mo–Sa 10–16 Uhr, 10 €/Tag).

# 30 Rund um den Kollwitzplatz

*In Prenzlbergs quirliger Mitte steht Deutschlands größte Synagoge*

- U2 Senefelderplatz

Ein beliebtes Zentrum von Prenzlauer Berg liegt rund um den Kollwitzplatz – benannt nach der berühmten Grafikerin und Bildhauerin Käthe Kollwitz (1867–1945), deren Kunst in der NS-Zeit als »entartet« diffamiert wurde und die seit 1960 hier auf »ihrem« Platz als überlebensgroße Bronzefigur sitzt. Südöstlich des Platzes an der Ecke Knaack-/Rykestraße erhebt sich der runde, 1877 erbaute Wasserturm als Wahrzeichen des lebhaften Viertels – sechs Stockwerke hoch – in dessen Maschinenhaus (heute ein Spielplatz) die SA 1933 zeitweilig Regimegegner festsetzte. Schon lange wohnen Mieter in der denkmalgeschützten Industrieanlage – aber keineswegs in runden Zimmern, wie viele vermuten. Ein besonders schöner Straßenzug ist die Rykestraße, wo unter den eindrucksvollen Gründerzeitbauten die neoromanische Synagoge von 1903/04 auffällt (Nr. 53, Zutritt nur für Gläubige zum Ge-

*Einst Brauerei, heute kulturelles Zentrum: das frühere Schultheiss-Areal*

bet) – das größte jüdische Gotteshaus Deutschlands! Ein Paradebeispiel gelungener Stadtsanierung war schon zu DDR-Zeiten die vom Kollwitzplatz nördlich abzweigende Husemannstraße mit ihrem Gründerzeitambiente: Putzige Handwerkerläden mit schmiedeeisernen Zunftzeichen, historische Straßenlaternen, alte Wasserpumpen und Berliner Kneipen sorgen für echte Bilderbuch-Atmosphäre.

## Sehenswert

### Jüdischer Friedhof

| Friedhof |

Bedeutende Persönlichkeiten der Kulturgeschichte sind auf dem 1827 angelegten, zweitältesten jüdischen Friedhof Berlins begraben (älter ist lediglich der Alte Jüdische Friedhof in der Spandauer Vorstadt, S. 67): Hier ruhen unter schattigen Bäumen beispielsweise der Komponist Giacomo Meyerbeer (gest. 1864), der Verlegerkönig Leopold Ullstein (gest. 1899) und der Maler Max Liebermann (gest. 1935), man sieht einige imposante marmorne Mausoleen, wie das der Familien Haberland, Bleichröder, Manheimer, Makower und Loewe. Hinter der südöstlichen Friedhofsmauer verläuft der 400 m lange »Judengang« (Knaackstr. 41, nur bei Führungen geöffnet). Er diente vermutlich als rückwärtiger Friedhofszugang für Begräbniszüge, deren Anblick den Preußenkönig Friedrich Wilhelm III. (1770–1840) nicht belästigen sollten.

■ Schönhauser Allee 22, www.jg-berlin.de, Mo–Do 8–16, Fr 7.30–13 Uhr

## Cafés

(12) **Anna Blume** Liebevoll präsentierte Auswahl an Frühstücksvariationen und Suppen, Torten, diversen Kaffees, Eis, Shakes und Cocktails. Am besten reservieren und möglichst nicht in Eile sein! ■ Kollwitzstr. 83, Tel. 030/ 44 04 87 49, www.cafe-anna-blume.de, tgl. 8–22 Uhr

# Am Abend

## Bühne

**Chamäleon Theater** Musik, Theater, Varieté, Artistik – eine Art neuer, junger Zirkus, einfach mal ganz anders und jedes Mal wieder mit originellen Einfällen von brillanten (Akrobatik-) Ensembles aus aller Welt. ■ Hackesche Höfe, S Hackescher Markt, Rosenthaler Str. 40/41, Ticket-Tel. 030/4000590, www.chamaeleonberlin.com

**Deutsches Theater** Hervorragend war sein Ruf schon zu Beginn des 20. Jh., insbesondere ab 1905 unter dem berühmten Intendanten und Regisseur Max Reinhardt (1873–1943). Er gründete im Folgejahr neben dem Großen Haus die Kammerspiele und setzte auf moderne Inszenierungsmittel. ■ Schumannstr. 13 a, U6 Oranienburger Tor, Ticket-Tel. 030/28441225, www.deutschestheater.de

**Volksbühne Berlin** Bis zur Absetzung von Intendant Frank Castorf 2017 Stätte für hochprovokante Inszenierungen. Sein glückloser Nachfolger Chris Dercon gab nach Protesten bald wieder auf. Seit 2018 nun läuft der Betrieb unter Klaus Dörr mit anspruchsvollem Programm, auch Tanz, weiter. ■ Linienstr. 227, U2 Rosa-Luxemburg-Platz, Tel. 030/24065777, www.volksbuehne.berlin

**Theater an der Museumsinsel** Im Sommer bietet das Amphitheater tolle Aufführungen von Goethes »Faust« (auch für Kids!) bis zu Shakespeares »Macbeth« und »Die lustigen Weiber von Windsor«. Im Winter werden urige Hütten aufgebaut, in denen ein umfangreiches Märchenrepertoire zu sehen ist. ■ Monbijoustr. 3b, Tram M1 Monbijouplatz, Tel. 030/47018949, www.theater-museumsinsel.de

## Konzerte

**Kindl-Bühne Wuhlheide** Ob RTL-Hitradio, Indie-Band oder Schlagerstars – hier ist immer gute Stimmung wie bei einem Open-Air-Festival angesagt, auch wenn's regnet. ■ Straße zum FEZ/An der Wuhlheide (Oberschöneweide), S3 Wuhlheide, www.wuhlheide.de

## Kneipen, Bars und Clubs

**Clärchens Ballhaus** Kult und Nostalgie bei Tango, Swing, Walzer und Disco, auch Tanzkurse. Etwas ganz Besonderes: das Restaurant im 100 Jahre alten original erhaltenen Spiegelsaal (€€). Das Haus wird ab 2020 saniert, Website beachten. ■ Auguststr. 24 (Mitte), U6 Oranienburger Tor, Tel. 030/282 92 95, www.ballhaus.de, tgl. ab 11 Uhr

13 **Prater Garten** Kühles Bier vom Fass und typische Biergartenspezialitäten in Berlins ältestem Gastgarten, seit 1837! ■ Kastanienallee 7–9 (Prenzlauer Berg), U2 Eberswalder Straße, Tel. 030/448 56 88, www.pratergarten.de, Biergarten April–Sept. tgl. ab 12, Restaurant Mo–Sa ab 18, So ab 12 Uhr

## Kinos

**Babylon Mitte** Programmkino im Großen Saal von 1929 und mit der einzigen Kinoorgel in Deutschland. ■ Rosa-Luxemburg-Str. 30, U2 Rosa-Luxemburg-Platz, www.babylonberlin.de

## Übernachten

Im Bezirk Mitte hat man bei der Zimmersuche schnell die Qual der Wahl: bodenständige Familienpensionen oder Designerschick oder echte Wohnknaller in Sachen Originalität. Trotzdem gilt immer: unbedingt rechtzeitig buchen.

**€**

**Novalis** Schnäppchenalarm! Aber nicht von der altertümlichen Web-Präsens und dem altmodischen Eingang abschrecken lassen! Die einfache Pension überzeugt mit zentralster und dennoch ruhiger Lage (nahe Oranienburger Straße). Auch das ausreichende Frühstück ist sehr günstig. ■ Novalisstr. 5, Tel. 030/30874089, www.novalis-berlin.de

**€€**

**monbijou** Trotz seiner Top-Lage zwischen Museen, Bars und Straßenbahn ist das Hotel angenehm ruhig. Wer sich etwas leisten möchte, bucht die Domblick-Suite (€€€). Mit 101 Parkettzimmern, Dachterrasse und Kaminbar verdient das Haus gemütlich-luxuriöse drei Sterne! ■ Monbijouplatz 1, Tel. 030/61620300, www.monbijouhotel.com

**The Circus** In dem kleinen trendigen Hotel ist man per Du: farbenprächtige Zimmer, schicke Bäder, schöne Dachterrasse – wem's nach vorne raus zu laut wird, bucht besser die Zimmer zum lauschigen Innenhof. ■ Rosenthaler Str. 1, Tel. 030/20003939, www.circus-berlin.de

**€€–€€€**

**Kastanienhof** Angenehme dreisternige Wohlfühlpension einer echten Berliner Familie im trubeligen Prenzlauer Berg, die auch mit Rat und Tat zur Seite steht, von Economy-Zimmern bis Suiten, das eigene Restaurant Ausspanne versorgt die Gäste mit gutbürgerlicher Küche (€–€€). ■ Kastanienallee 65, Tel. 030/443050, www.kastanienhof.biz, www.deutsches-restaurant.berlin

## ADAC Das besondere Hotel

**Oderberger** 70 stilvolle Zimmer und Apartments, teils auf zwei Ebenen, verteilen sich in einem Stadtbad von 1898. Seit 2016 wird unter dem kathedralenartigen Gewölbe auch wieder geschwommen. Der Clou: Das Becken fungiert auch als Festsaal für Events (mit Hydraulikboden). In den topmodernen Bädern hat man Originalfliesen aus dem alten Badehaus integriert.
*€€ | Oderberger Str. 57, Tel. 030/780089760, www.hotel-oderberger.berlin*

# Friedrichshain-Kreuzberg und der Osten

*Hierher locken die berühmte Kreuzberger Mischung aus Multi und Kulti, Weltklasse-Museen und lauter grüne Erholungsgebiete*

Berlin ist bekanntlich eine der grünsten Städte Deutschlands – selbst mitten in der Stadt kann man es auf Wiesen, an Springbrunnen, auf Grillplätzen und in Park-Oasen gut aushalten. Das Weltgeschehen und die Kultur kommen trotzdem nicht zu kurz, es liegt immer eine Attraktion gleich um die Ecke. Die East Side Gallery erinnert mit witzig-ironischer, aber auch nachdenklicher Streetart an die Mauerzeiten. Ein Highlight für alle Wissensdurstigen ist das Technikmuseum – Anfassen und Ausprobieren ist hier ausdrücklich erwünscht! Das Jüdische Museum im atemberaubenden Bau von Daniel Libeskind macht die deutsch-jüdische Geschichte emotional erlebbar.

In die Kieze von Friedrichshain-Kreuzberg und Neukölln tauchen Szenegänger rund um die Spree bzw. am Landwehrkanal ein. Hier tobt das Leben: jung, trendy und international im nördlichen Neukölln, dem neuesten Szenetreff Berlins. Regelrecht dörflich und altmodisch-barock wird es am Stadtrand in Köpenick und am Müggelsee, wo man sich im Biergarten oder am Strand unter die Berliner mischen kann. Einen Hauch von Exotik verheißen die Ausflüge in die Gärten der Welt oder in den Tierpark Friedrichsfelde mit Tempeln und Tigern, Pagoden und Panthern.

## In diesem Kapitel:

## ADAC Top Tipps:



## ADAC Empfehlungen:

*Volkspark Friedrichshain – grüne Lunge inmitten der quirligen Stadt*

## 31 Volkspark Friedrichshain

*Die größte Grünfläche im Osten und der älteste Stadtpark von Berlin*

■ Tram M4, Bus 200
■ Am Friedrichshain

Der Volkspark wurde 1846 nach Plänen von Peter Joseph Lenné mit See und Springbrunnen angelegt. Die Besucher tummeln sich auf Liege- und Grillwiesen, Sportplätzen und in der Freilichtbühne mit Sommerkino. Fitnesstreibende zieht es auf den Trimm-dich-Pfad, Laufbahn und Kletterfelsen. Im Westen steht seit 1913 eine wahre Augenweide: der neobarocke Märchenbrunnen (tgl. 9–20 Uhr), ein Paradebeispiel wilhelminischer Schauarchitektur mit Figuren aus Grimms Märchen, von Aschenputtel bis zu den Sieben Zwergen.

Eine Besonderheit sind die beiden Bunker im Park, in denen im Zweiten Weltkrieg Kunstschätze gelagert wurden und bis zu 50 000 Berliner Zuflucht fanden. Durch ihre missglückte Sprengung entstanden nach Kriegsende der Kleine (48 m) und der Große Bunkerberg (78 m), im Volksmund »Mont Klamott« – sie gehören zu den Berliner Trümmerbergen, aufgeschüttet von den sogenannten Trümmerfrauen. Spazierwege führen auf die heute dicht umwaldete Aussichtsplattform.

### Restaurants

€ | **Umspannwerk Ost** Hier ist immer was los: Dinner-Shows und Theater im einstigen Trafo-Werk von 1900 und Speisen in rustikalem oder feinem Ambiente. ■ Palisadenstr. 48, Tel. 030/ 42 80 42 42, www.umspannwerk-ost.de, tgl. ab 11.30 Uhr

€–€€ | **Schoenbrunn** Ein Lokal mit Sonnenterrasse und herrlichem Parkblick, hier mundet Österreichisch-Mediterranes, Deftiges und Süßes.

■ Tel. 030/45305 6525, www.schoenbrunn.net, Sommer tgl. 10–ca. 24, Kiosk März–Nov. tgl. 10–20, Biergarten April–Sept. Mo–Fr ab ca. 14, Sa, So ab 12 Uhr

## 32 Karl-Marx-Allee

*Die einstige Stalinallee – ein Boulevard mit prachtvollen Wohnblocks*

■ U5 Schillingstraße, Strausberger Platz, Weberwiese, Frankfurter Tor

Rund um das Frankfurter Tor erheben sich zwei markante Turmbauten wie ikonische Wächter an der östlichen »Eingangspforte« der etwa 3km langen Prachtallee. Von 1952–56 gestaltete die DDR-Führung die Karl-Marx-Allee nach sowjetischem Vorbild der Stalinzeit – heute ist die rund 100m breite Allee, die vom Alexanderplatz bis zum Frankfurter Tor führt, ein geschichtsträchtiges Architektur-Highlight: Die als »Arbeiterpaläste« konzipierten Wohnblöcke beeindrucken im Stilmix aus preußischem Klassizismus à la Schinkel und stalinistischem Zuckerbäckerdekor.

Im Osten geht die Karl-Marx-Allee schließlich in die Frankfurter Allee über. Auf Höhe des U-Bahnhofs Magdalenenstraße beherbergt die einstige Zentrale der DDR-Staatssicherheit heute das Stasi-Museum im Gebäudekomplex Normannen-/Ruschestraße, wo man das im Original erhaltene Büro von Erich Mielke (1907–2000, DDR-Minister für Staatssicherheit) besichtigen und sich über diverse, durch die Stasi angewandte Observationstechniken informieren kann. Im einstigen Offizierskasino kann man bei einem Kaffee einen Film über das Ministerium für Staatssicherheit ansehen.

## Im Blickpunkt

### Absolute Kontrolle? Vom Aufstieg und Fall der Stasi

1950 wurde das Ministerium für Staatssicherheit (MfS, im Volksmund: Stasi) als Geheimpolizei der DDR gegründet. Ihre Hauptaufgabe war es, Systemgegner und Bürger, die die Behörden dafür hielten, zu überwachen und zu bekämpfen. Durch sogenannte Zersetzungsmaßnahmen wie Arbeitsverbot oder böswillige Gerüchte bis hin zur Inhaftierung in einem der Untersuchungsgefängnisse wurden Existenzen zerstört. Die Stasi-Zentrale in Berlin-Lichtenberg war zuletzt ein Bürokratieapparat mit grotesken Zügen und insgesamt 91000 hauptamtlichen sowie rund 175000 inoffiziellen Mitarbeitern.

Am Ende der Stasi war die DDR-Bevölkerung maßgeblich beteiligt, u.a. weil nach der Maueröffnung im November 1989 bekannt wurde, dass Stasi-Akten vernichtet werden sollten, und Bürger daraufhin in mehreren Städten die Bezirksstellen besetzten. In der damals ebenfalls besetzten Berliner Zentrale zeigt heute das Stasi-Museum eine Ausstellung zum MfS. Die Akten werden seit 1991 vom Amt des Bundesbeauftragten für die Unterlagen des Staatssicherheitsdienstes der ehemaligen DDR verwaltet und ausgewertet.

*Ruschestr. 103, Haus 1, U5 Magdalenenstraße, www.stasimuseum.de, www.bstu.bund.de, Mo–Fr 10–18, Sa, So, Fei 11–18 Uhr, 8 €, erm. 3–6 €*

## Restaurants

**€€ | Trattoria Vesuvio** Hier sitzt man mittenmang der Nachbarn am Platz unter Sonnenschirmen bei Steinofen-Pizza, Fettucine mit Entenbruststreifen und bester Weinauswahl (mittags €) ■ Strausberger Platz 8, Tel. 030/42029589, www.ristorante-vesuvio-berlin.de, tgl. 11.30–23 Uhr, U5 Strausberger Platz

## Cafés

**Café Saaldeck** In der Café-Bar verlocken mundwässernde Kuchen oder Panini und richtig guter Kaffee in allen Variationen. Draußen kann man im Strandkorb Platz nehmen. ■ Karl-Marx-Allee 103a, Tel. 030/37305031, www.saaldeck.de, tgl. 10–22 Uhr

**K.LIEBLINGs** Kaffee in bester Tradition: ob klassisch im Filter, per Syphon oder rabenschwarzer Espresso, dazu leckerer Kuchen, frische Bohnen und allerlei Zubehör für den Hobby-Barista. ■ Karl-Marx-Allee 136, Tel. 030/29777178, Mo–Fr 8–18, Sa, So ab 10 Uhr

# 33 East Side Gallery

8 *Reste der Berliner Mauer als Leinwand für die Welt*

■ S, U1 Warschauer Straße, Bus 300

■ www.eastsidegallery-berlin.de

Einer der Höhepunkte beim Berlin-Besuch ist die East Side Gallery an der Mühlenstraße: der mit 1,3 km längste erhaltene bzw. wieder aufgebaute Mauerabschnitt direkt am Ufer der Spree zwischen Warschauer Straße und Ostbahnhof. 1990 bemalten 118 Künstler aus aller Welt die grauen Betonplat-

*Sozialistischer Bruderkuss – eines der bekanntesten Motive an der Mauer*

ten auf ganz unterschiedliche Art und Weise. Bekanntestes Motiv: Dmitrij Vrubels und Viktoriya Timofeevas »Bruderkuss« (auf Höhe der Mercedes-Benz-Arena), den Erich Honecker und Kremlchef Leonid Breschnew einst tauschten. Ironisch hinzugefügt ist die Zeile: »Mein Gott, hilf mir, diese tödliche Liebe zu überleben«. Ein weiterer bekannter Hingucker ist der Trabi, den die Malerin Birgit Kinder unter dem Titel »Test the Best« abheben und die Mauer malerisch durchbrechen ließ.

### Sehenswert

**The Wall Museum**

| Museum |

Zum 25. Jubiläum des Mauerfalls eröffnete dieses Museum im alten Mühlenspeicher. Es präsentiert die Geschichte der Berliner Mauer und den Mauerfall in einer audiovisuellen Inszenierung mit Videos in 13 Räumen – man erlebt Hans-Dietrich Genscher, Pink Floyd, The Scorpions und Leonardo DiCaprio. ■ Mühlenstr. 78–80, www.thewallmuseum.com, tgl. 10–19 Uhr, 12,50 €, erm. 6,50 €

### Restaurants

€ | **Marafina** Sehr einfacher sudanesischer Imbiss. Der freundliche Besitzer serviert köstliche Falafel, Makali oder Halloumi mit Erdnusssauce. ■ Wühlischstr. 17, Mo–Fr 12–24, Sa, So 13–24 Uhr

€€ | **Katerschmaus** (Holzmarkt-Dorf) Anspruchsvolles Lokal (mit originellen Speisen, viel Meeresfrüchte, mittags tgl. wechselnde Menüs, €) und ein zentraler Markplatz mit Biergarten (€), Weinladen, Patisserie und Bäckerei. ■ Holzmarktstr. 25, Tel. 0152/29413262, www.katerschmaus.de, Mo–Sa 12–16, 19–22.30 Uhr

*Die Oberbaumbrücke verbindet Friedrichshain mit Kreuzberg*

## 34 Oberbaumbrücke

*Die Spreebrücke in Märchenoptik verband den Osten mit dem Westen*

■ S, U1 Warschauer Straße, U1 Schlesisches Tor

Zeitgenössische Burgenromantik: Die Oberbaumbrücke (1894–96) verläuft als neogotischer Ziegelbau über die Spree mit zwei 34 m hohen Türmen und zinnenbekrönten Wehrgängen – von allen Seiten ein Hingucker. Nach dem Mauerbau diente die markante Brücke bis 1963 als Fußgänger-Grenzübergang zwischen Ost und West.

Erst mit der Wiedervereinigung kam sie erneut zu Ehren als gelungene Kombination alter und neuer Architektur. Ihr Mittelteil wurde nach Plänen

des spanischen Architekten Santiago Calatrava mit Metallbögen modernisiert. Seit 1995 ist die Brücke wieder für den Autoverkehr freigegeben. Eine Etage höher auf dem Hochgleis über der Fahrbahn verkehrt die U-Bahn.
Hier thematisiert seit 1997 das Kunstwerk »Stein – Papier – Schere« von Thorsten Goldberg die vermutliche Grundlage vieler politischer Entscheidungen: Am besten nachts sieht man die von Zufallsgeneratoren gesteuerten beiden Sets bunter Leuchtstoffröhren an den Mittelbögen, die sich dann mit Symbolen des bekannten Fingerspiels gegenüberstehen.

### Imbisse

14 € | **Burgermeister** Beste Burger, vom saftig-gebratenen Rindfleisch über das Brioche-Brötchen bis zur hausgemachten Chili-Cheddar-Sauce. Aber der Clou ist das ehemalige historische Toilettenhäuschen als Imbiss unter dem U-Bahn-Viadukt. ■ Oberbaumstr. 8, Tel. 030/23 88 38 40, www.burger-meister.de, Mo–Do 11–3, Fr 11–4, Sa 12–4, So 12–3 Uhr

## ADAC Mittendrin

Mitten in der Spree kann man im Sommer ins **Badeschiff** eintauchen, in der Tradition der alten Flussschwimmbäder, heute ganz trendy auch mit Stand-up-Paddling. Gleich nebenan in der Arena gibt es Kunst, Lesungen, Shows, Yoga, die Strandbar Escobar und einen Club. *Eichenstr. 4, Tel. 0162/545 13 74, www.arena.berlin, Mitte Mai–Sept. tgl. 8–22/23 Uhr (bei gutem Wetter), 6,50 €, erm. 3,50 €*

# 35 Treptower Park

*Grüne Lunge im Südosten mit Sowjetischem Ehrenmal*

■ S Treptower Park, S8 Plänterwald

Die im 19. Jh. angelegte, über 88 ha große Grünanlage mit Wäldchen, Spazierwegen, Karpfenteich, Spiel- und Sportwiesen ist ein beliebtes Naherholungsgebiet der Berliner. Richtung S-Bahnhof Treptower Park fallen an der nördlich gelegenen Spree die »Treptowers« an der Elsenbrücke ins Auge – das höchste der Gebäude ist ein Bürokomplex mit 30 Etagen. Davor ragt die 30 m hohe Installation »Molecule Men« (1999) des Amerikaners Jonathan Borofsky aus der Spree: Die drei Aluminium-Figuren markieren die gemeinsame Grenze der alten Bezirke Kreuzberg, Friedrichshain und Treptow.

### Sehenswert

**Sowjetisches Ehrenmal**
**| Gedenkstätte |**
Im Osten des Parks steht eine Gedenkstätte (1947–49) zu Ehren der russischen Gefallenen des Zweiten Weltkriegs. Zwei Rundbogenportale führen auf das Gelände, im Zentrum erhebt sich ein marmornes Mausoleum mit einer 12 m hohen Soldatenstatue. An seine Schulter schmiegt sich ein Kind, zu seinen Füßen das von seinem Schwert zerschlagene Hakenkreuz.

**Archenhold-Sternwarte**
**| Sternwarte |**
15 *Die älteste Volkssternwarte Deutschlands mit Riesenteleskop*
1896 zeigte der Astronom Friedrich Simon Archenhold (1861–1939) hier das

*Monumentalkunst in der Spree, die »Molecule Men« an der Elsenbrücke*

von ihm entwickelte bewegliche Linsenfernrohr: mit 21 m und 130 t bis heute das imposanteste der Welt. Ein Objektivdurchmesser von 68 cm sorgt für eine 210-fache Vergrößerung der Gestirne. Außerdem zu sehen sind u. a. ein Spiegelteleskop (500 mm), ein 283,5 kg schwerer Meteorit, ein sonnenphysikalisches Kabinett, Globen und Messinstrumente sowie ein rekonstruierter Beobachtungsraum des 19. Jh. ■ Alt-Treptow 1, www.planetarium.berlin, Mi, Do, So 14–17, Fr 15–17 u. 18–21, Sa 14–21.30 Uhr, Dauerausstellung: Eintritt frei, Programm und Führungen: 7 €, erm. 5 €

## Restaurants

**€–€€ | Zenner** Ein Klassiker: Das traditionsreiche Ausflugslokal punktet mit Biergarten (1500 Plätze!), rustikalem Saal, tollem Brunch-Büfett (So) und Live-Konzerten mit Schlager, Blues und Jazz. ■ Alt-Treptow 14–17, Tel. 030/533 7370, www.hauszenner.de, Mi–Sa 12 – ca. 22, So 10–21 Uhr

## Cafés

**Soul Kitchen/Inselcafé** Im Kulturhaus auf der künstlichen Insel der Liebe gibt es im Sommergarten kühles Bier, lukullische Kleinigkeiten sowie Kuchen. Ausflügler können eine Bootstour unternehmen, Kanu oder Tretboot fahren. ■ Inselcafé/Sommergarten: Tel. 030/80 96 18 43, www.inselberlin.de, i. d. R. Mo–Sa ab 12, So ab 11 Uhr; Kanus: Tel. 0170/ 489 26 80, www.kanuliebe.com, Mo–Fr 12–20.30, Sa, So 10–21 Uhr, ab 32 €/4 Std.

## Erlebnisse

**Dampferfahrt durch Berlin** Ab Spreehafen Treptow fahren im Sommer Ausflugsschiffe nach Charlottenburg, Köpenick und über den Großen Müggelsee bis zur Woltersdorfer Schleuse. Ebenso möglich sind ein achtstündiger Schiffsausflug rund um Berlin sowie Dinner- und Themen-Fahrten. ■ Puschkinallee 15, Tel. 030/536 36 00, www.sternundkreis.de, ab 15 € (1 Std.)

# 36 Paul-Lincke-Ufer und Maybachufer

*Ein Stück Klein-Istanbul und das neueste In-Viertel im nördlichen Neukölln*

■ U1 Kottbusser Tor, U8 Schönleinstraße
■ Türkenmarkt: www.tuerkenmarkt.de, Di, Fr 11–18.30 Uhr

Die beiden Uferstraßen begleiten mit ihren Häuserfluchten aus der Gründerzeit und Trauerweiden den Landwehrkanal. Am nördlichen Paul-Lincke-Ufer säumen kleine Lokale mit lauschigen Biergärten die Wasserstraße. Am gegenüberliegenden, zu Neukölln gehörenden Maybachufer findet an zwei Tagen der Woche der sogenannte Türkenmarkt statt, ein großer Freiluftbazar mit riesigem Obst- und Gemüseangebot, türkischen Lebensmitteln, Ökoprodukten, Haushaltswaren und Textilien.
Der Nord-Neuköllner Kiez wird seit einigen Jahren immer mehr von »Ortsfremden« entdeckt, man spricht in vielen der angesagten Bars und (veganen) Restaurants nicht mehr unbedingt Deutsch. Vom Maybachufer reicht das neue Szene-Viertel bis nach Süden zur Sonnenallee.

## ADAC Mittendrin

Der **Kulturdachgarten Klunkerkranich** sitzt auf dem Parkhaus des Einkaufscenter Neuköllner Arkaden: ein liebevoll begrünter Stadtgarten mitten im Kiez – hier sprießt es sogar aus ausrangierten Designer-Plateaustiefeln – mit Restaurant (€), Lesungen, Kino, Musik, Sandkasten und 360-Grad-Panorama.
*Karl-Marx-Str. 66, www.klunkerkranich.org, Mitte April–Mitte Okt. tgl. 12–2, sonst Do, Fr ab 16, Sa, So ab 12 Uhr, Jan./Feb. geschl., U7 Rathaus Neukölln*

## Im Blickpunkt

### Grüne Oase mit Kultur

Der **Körnerpark** ist ein Meisterwerk der Gartenbaukunst mitten in Neukölln: eine vor über 100 Jahren geschaffene Oase mit Orangerie, Arkaden, Springbrunnen, Skulpturen und intellektueller Abwechslung. In der efeuberankten Galerie finden Lesungen, Ausstellungen und Konzerte von Klassik über Jazz bis Salsa statt, draußen Freiluftkino, Flanieren, Jonglieren und Sonnenbaden.
*Schierker Str. 8, Galerie: Di–So 10–20 Uhr, www.körnerpark.de, freier Eintritt, S4 und U7 Neukölln*

### Restaurants

**€€–€€€ | Volt** Allein schon architektonisch interessantes Abendrestaurant im ehemaligen Umspannwerk Kreuzberg mit Terrasse am Landwehrkanal und auch vegetarischer Speisekarte. ■ Paul-Linke-Ufer 21, Tel. 030/338 40 23 20, www.restaurant-volt.de, Di–Sa 18–24 Uhr

### Einkaufen

**Nowkölln** Trendiges Sehen und Gesehenwerden: Secondhand-Klamotten, Kunst, Design, Modeschmuck, Bücher und natürlich Open-Air-Musik. ■ Maybachufer 31–36, www.nowkoelln.de, April–Nov./Dez. jeden 2. So 10–17.30 Uhr

## 37 Märkisches Museum

*Umfassende Sammlung zur Geschichte Berlins von den Anfängen bis heute*

■ U2 Märkisches Museum
■ Am Köllnischen Park 5, www.stadtmuseum.de, Di–So 10–18 Uhr, 7 €, erm. 4 €

Beispielhafte Architektur der Backsteingotik und Backsteinrenaissance in der Mark Brandenburg bewahrt das Märkische Museum seit 1874: eine kulturhistorische Sammlung von der Ur- und Frühgeschichte bis in die Gegenwart Berlins mit Gemälden, Fotografien und Gegenständen der Alltagskunst. Vor dem Museum steht die Kopie der Figur des Rolands von Brandenburg (1474). Der imposante Bau beeindruckt im Innern v. a. durch die originalgetreu restaurierte Gotische Kapelle mit mittelalterlichen Skulpturen und Sakralkunst, aber auch Zunftsaal, Waffenhalle und Große Halle sind sehenswert.

## 38 Berlinische Galerie

*Lebendige Schau zur modernen Kunst und Stadtarchitektur*

■ U6 Kochstraße, U8 Moritzplatz, U1 Hallesches Tor
■ Alte Jakobstr. 124–128, www.berlinischegalerie.de, Mi–Mo 10–18 Uhr, 10 €, erm. 7 €

In einem ehemaligen Glaslager residiert das Landesmuseum für Moderne Kunst, Fotografie und Architektur. Die Berlinische Galerie präsentiert »Kunst in Berlin 1880–1980«, darunter Arbeiten von Oskar Kokoschka, Max Liebermann, Rainer Fetting, El Lissitzky und Georg Baselitz. Der Museumsshop mit Büchern und Plakaten, die Kunstbibliothek und das Café Dix mit poppiger Inneneinrichtung und Tischen im Freien sind drei weitere Gründe, in diesem freundlichen Hort der Berliner Kunst länger zu verweilen.

*Im Klunkerkranich genießt man die Abendsonne über den Dächern Neuköllns*

## 39 Jüdisches Museum Berlin

9 *Ein spektakulärer Bau visualisiert deutsch-jüdische Geschichte*

■ U6 Kochstraße, U1 Hallesches Tor
■ Lindenstr. 9–14, www.jmberlin.de, tgl. 10–20 Uhr, 8 €, erm. 3 €

Am 9. November 1992, zum 54. Jahrestag der deutschen Pogrome gegen jüdische Bürger während der NS-Zeit, wurde der Grundstein für dieses 2001 eröffnete Museum gelegt. US-Architekt Daniel Libeskind (* 1946) schuf einen futuristisch-metallverkleideten Bau. Schiefe Wände, unterirdische Achsen, Betonschächte und ein Turm symbolisieren jüdische Lebensgeschichten und den Holocaust – und sollen durchaus Gefühle bei den Besuchern hervorrufen. Zuerst betritt man das barocke Kollegienhaus (1735), das integriert ist in den modernen Komplex. Vom Untergeschoss führen Gänge in den »Garten des Exils« und den »Holocaust-Turm«. Die Dauerausstellung »Zwei Jahrtausende deutsch-jüdische Geschichte« mit Dokumenten, Kunstwerken, Alltagsgegenständen und religiösen Kultobjekten in den beiden Obergeschossen des Museums wird derzeit umgebaut und ist daher nicht zugänglich (Wiedereröffnung vorauss. Frühjahr 2020). Währenddessen werden im Altbau verschiedene Wechselausstellungen und Kunstinstallationen gezeigt.

### Events

Beim alljährlichen **Kultursommer** im Garten des Jüdischen Museums kann man bei Jazzmatineen, Lesungen, Comedy sowie Kinderprogramm sogar picknicken: Den Picknickkorb mit eisgekühlter Limo und diversen Köstlichkeiten gibt's auf Vorbestellung, Liegestühle stehen bereit. ■ Bestell-Tel. 030/25 79 67 51, www.jmberlin.de/kultur sommer, Eintritt frei

## 40 Viktoriapark und Bergmannstraße

*Hier zeigt sich »Kreuzberg 61« von seiner trubeligsten Seite*

■ Viktoriapark: S1, U7 Yorckstraße, U6 Platz der Luftbrücke
■ Bergmannstraße: U6 Mehringdamm, U7 Gneisenaustraße, Südstern

Der Kreuzberg im gleichnamigen Bezirk misst 66 m, und das macht ihn zur höchsten (natürlichen!) Erhebung im Innenstadtbereich. Auf dem Kreuzberg-Gipfel ragt seit 1821 das Nationaldenkmal empor: ein 20 m hoher neogotischer Turm, gekrönt von einem Eisernen Kreuz, mit Inschriften zu den

### ADAC Mittendrin

In den **Kreuzberger Prinzessinnengärten** erlebt man urbane Landwirtschaft in Reinkultur – auf einer ehemals tristen Betonbrache werden seit 2009 etwa 500 verschiedene Gemüse- und Kräutersorten organisch angebaut. Seit 2019 gibt es noch einen zweiten Garten in Neukölln (Hermannstr. 99). *Prinzenstr. 35–38, prinzessinnengar ten.net, April/Mai–Okt. tgl. 10–22 Uhr, jeden 2. So geschl., Gartenbar und Restaurant ab 12 Uhr, Eintritt frei, U8 Moritzplatz*

*Installation »Gefallenes Laub« des israelischen Künstlers Menashe Kadishman*

wichtigsten Schlachten der Befreiungskriege (1813–18), dem Sieg Preußens über Napoleon. Ringsherum wurde 1888–94 der Viktoriapark mit einem 24 m hohen Wasserfall gestaltet, der durch felsige Bergkulisse abwärts plätschert. Unten am Teich hantiert ein bronzener Fischer mit seinem »seltenen Fang«: einer Nixe.

Nordöstlich des Parks erstreckt sich rund um die trendige Bergmannstraße ein Wohnviertel aus der Gründerzeit, wie es für Berlin bzw. Kreuzberg um 1900 typisch war: stuckverzierte Fassaden am südlich gelegenen Chamissoplatz, Kopfsteinpflaster, Gaslaternen und Wasserpumpen. In der heutigen Touristenmeile bummelt man entlang von Kaffeehausketten, angesagten veganen Lokalen, einem »vegetarischen Metzger« und internationalen Restaurants von India- bis Taco-Food. Einige edle Schuh- und Schmuckgeschäfte sowie Szeneläden zum Stöbern warten tagsüber auf Kundschaft, rund um die alte Marheineke-Markthalle versorgen zahlreiche (Kebab-) Imbissbuden, Kneipen und Cafés die Flaneure und Reisegruppen.

## Sehenswert

### Tempelhofer Feld

| Park |

16 *Eine beliebte Freizeitfläche auf der Landebahn*

Die 240 ha große Grünanlage umfasst die Bauten und Landebahnen des früheren Flughafens Tempelhof – heute ein Treffpunkt zum Drachenfliegen, Sonnenbaden und Feiern. Ausgewiesen sind Grillplätze, Hundeausläufe und Vogelschutzgebiete, die Radfahr- und Skaterstrecken sowie Pisten fürs Windsurfen und Kiten. Das architektonisch interessante Flughafengebäude ist bei Themenführungen zugänglich, schrittweise soll das Gebäude samt dem Tower wieder als Kulturzentrum und Partystätte dienen.

■ div. Eingänge: Columbiadamm 10 (2 Eingänge), Tempelhofer Damm (2), Oderstra-

*Das ehemalige Tempelhofer Flugfeld ist die größte Freifläche Berlins*

ße (6; Neukölln), www.tempelhofer-park.de, www.gruen-berlin.de, tgl. Sonnenauf- bis Sonnenuntergang, Sommer ca. 6–21.30, Winter ca. 7–17 Uhr, sehr unterschiedlich! Ausgänge über Drehtore, Eintritt frei

## Restaurants

€ | **Cava Club** Bodega mit Tapas, Oliven und Schinken zum Sekt, Wein oder Wermut oder einem Frühstück à la española: »Cafe con leche« und hausgemachte »magdalenas« (Muffins). ■ Marheinekeplatz 15, www.cavaclub.de, www.meine-markthalle.de, Mo–Sa 9.30–20 Uhr, Halle: Mo–Fr 8–20, Sa 8–18 Uhr

€ | **Curry 36** Fast rund um die Uhr: Eine der bekanntesten Currywurstbuden der Stadt. ■ Mehringdamm 36, www.curry36.de, tgl. 9–5 Uhr

€€ | **Maselli** Klein aber fein: Hier gibt es apulische Speisen von Antipasti bis Hauptgang, etwa die pikanten hausgemachten Salsiccia. An der kleinen Bar kann man warten, falls es mal wieder etwas voller ist. ■ Nostitzstr. 49, Tel. 030/69004363, www.maselliristorante.weebly.com, Di–Sa 18–23.30 Uhr

## Einkaufen

**Allet schick** Secondhand- und Vintage-Fans sind hier richtig zum Stöbern zwischen Klamotten und Accessoires. ■ Bergmannstr. 90, www.alletschick.com, Di–Sa 11–19 Uhr

**Kunstgriff** Galerie mit Wechselausstellungen und Vernissagen (Malerei, Grafik, Fotos, Kunsthandwerker in Aktion), außerdem gibt es im Kunsthandwerksladen Schmuck, Spiele und Accessoires. Die Spiele, z.B. Memory und Domino, werden jeden 2. Donnerstag im Monat ab 19 Uhr beim Spieleabend ausprobiert. ■ Riemannstr. 10, www.kunstladen-kreuzberg.de, Di–Sa 11–19 Uhr

**Trödelmarkt** Hier findet jeder ein Mitbringsel: Kunst, Antiquitäten, Bücher, Platten, Handgemachtes, Designerware, Mode, Schmuck etc. ■ Marheinekeplatz, www.trödelmarkt-marheinekeplatz.de, ganzjährig Sa 10–16, So 11–17 Uhr

## Erlebnisse

Auf dem Tempelhofer Flugfeld finden **historische Führungen zur NS-Zeit** von 1933–1945 statt. Schwerpunkte sind dabei das KZ Columbia, das SS-Gefängnis Columbiahaus, Zwangsarbeiterlager und die militärische Luftfahrt. ■ Treffpunkt am Columbiadamm/Ecke Golßener Str., Tel. 030/69004870, www.thf33-45.de, jeden 2. und 4. Sa im Monat 14–15.30 Uhr, kostenlos

# 41 Deutsches Technikmuseum

*Die Kulturgeschichte der Technik zum Erleben und Mitmachen*

■ S1 Anhalter Bahnhof, U1 Möckernbrücke, Gleisdreieck
■ Trebbiner Str. 9 (Science Center Spectrum: Möckernstr. 26), www.sdtb.de, Di–Fr 9–17.30, Sa, So 10–18 Uhr, 8 €, erm. 4 €

Das unübersehbare Aushängeschild des Deutschen Technikmuseums ist der »Rosinenbomber« auf dem Dach, damit versorgten die Alliierten West-Berlin während der Blockade durch die Sowjetunion 1948/49 über die weltberühmte Luftbrücke.
Die historischen Lokschuppen, Fabrikgebäude, Markt- und Kühlhallen des ehemaligen Anhalter Güterbahnhofs beherbergen heute 14 Abteilungen auf 25 000 m² – eines der größten Technikmuseen der Welt, mit spannenden Vorführungen zu allen nur denkbaren Maschinenfunktionen.
Gleich am Anfang geht es um Papier-, Schreib- und Drucktechnik sowie den ersten Computer. Der ganze Stolz der Museumsbetreiber: ein von Konrad Zuse (1910–95) 1989 eigenhändig nachgebautes Exemplar seines 1936 entwickelten Z1, die erste frei programmier-

## ADAC Mittendrin

Der **Karneval der Kulturen** mit seinen farbenprächtigen Kostümen, Musikern und Tänzerinnen zieht am Pfingstwochenende Hunderttausende auf die Straße – zum fröhlich-lauten Umzug am Sonntag und vier Tagen Straßenfest. Der Umzug startet in Neukölln und Kreuzberg, geht über die Hasenheide bis zum Blücherplatz. Dort warten dann ein Multi-Kulti-Schlemmer-Parcours und Konzerte.
*www.karneval-berlin.de*

*Das Technikmuseum zeigt Tante Ju – Junkers Ju 52 »Hans Kirschstein«*

bare mechanische Rechenmaschine der Welt! Die Schifffahrt ist vertreten zum Beispiel durch einen 33 m langen Kaffenkahn, in den beiden oberen Etagen staunt man über teils originale Fluggerätschaften aus der Welt der Luft- und Raumfahrt – von Otto Lilienthals Gleitfluggeräten bis zu Sturzkampfbombern des Zweiten Weltkriegs. Im Science Center Spectrum verdeutlichen über 250 Experimente naturwissenschaftliche und technische Phänomene, z. B. zur Akustik, Optik, Elektrizität und Radioaktivität. Es ist wie eine Reise durch mikro- und makroskopische Welten mit Licht- und Farbspielereien, wo sogar Lautstärke und Schall zu sehen sind.

### Kinder

Viele Exponate sind interaktiv präsentiert und für Kinder spielerisch erlebbar. Naturwissenschaft und Technik werden anhand zahlreicher Experimente mit Bezug zur Alltagswelt gezeigt.

### Sehenswert

**Park am Gleisdreieck**

| Park |

Wo früher Eisenbahnzüge verkehrten, ist aus einer hässlichen Industriebrache ein Erholungspark zu Füßen des Potsdamer Platzes entstanden – mit vielen Spielplätzen, Skateranlage und Tischtennis, Konzerten und Open-Air-Veranstaltungen.

■ Möckernstr. 26 (mehrere Zugänge), www.gruen-berlin.de, 24 Std. geöffnet, Eintritt frei

### Parken

Parkhaus Gleisdreieck (kostenpflichtig).

## ADAC Spartipp

Zwei der beliebtesten Berliner Museen erfreuen jeden Sparfuchs: das **Naturkunde-** und das **Technikmuseum**. Bei Vorlage der Eintrittskarte eines der beiden Museen erhalten Einzelbesucher im jeweils anderen Museum freien Eintritt für eine Begleitperson.

## 42 Gedenkstätte Berlin-Hohenschönhausen

*Vom sowjetischen Speziallager und Stasi-Gefängnis zum Ort des Erinnerns*

■ Tram M5 Freienwalder Straße, Tram M6, 16 Genslerstraße, Bus 256

■ Genslerstr. 66, www.stiftung-hsh.de, Besichtigung nur mit Führung, für Einzelpersonen und Gruppen bis zu 6 Personen ohne Voranmeldung, März–Okt. tgl. 10–16 Uhr stündlich Führungen, Nov.–Feb. 11, 13, 15 Uhr, 6 €, erm. 3 €

Nach dem Zweiten Weltkrieg wurde im Nordosten Berlins das sowjetische Speziallager Nr. 3 eingerichtet, ab 1946 erweitert zum zentralen sowjetischen Untersuchungsgefängnis für Deutschland. Hier hielt man als Spione, Nazis und andere »feindliche Elemente« verdächtige Menschen gefangen, bevor sie in die berüchtigten Gefangenenlager der damaligen UdSSR transportiert wurden.

1951 übernahm das neu gegründete Ministerium für Staatssicherheit (MfS, Stasi, S. 77) der DDR das Gefängnis. Mit einem Neubau diente es bis 1989 als zentrale Untersuchungshaftanstalt, in der Tausende von politisch An-

*Ein unscheinbarer Barkas-Lieferwagen diente der Stasi als Gefangenentransporter*

dersdenkenden, Regimekritiker oder lediglich Ausreisewillige festgesetzt, verhört und gefoltert wurden. Seit 1994 ist dies eine Gedenkstätte mit Ausstellung, Filmvorführung und Rundgängen, die von ehemaligen Häftlingen geführt werden, die von ihrer Haftzeit erzählen.

## 43 Tierpark Friedrichsfelde

*Großer Landschaftstiergarten mit benachbartem Barockschlösschen*

■ U5 Tierpark
■ Am Tierpark 125, Eingänge: Bärenschaufenster und Schloss, www.tierpark-berlin.de, Frühjahr/Sommer 9–18 bzw. 18.30, Herbst/Winter 9–16.30 Uhr, Tagesticket 14,50 €, erm. 7,50–9 €

Der beliebte Tierpark Friedrichsfelde im Bezirk Lichtenberg umfasst ein weitläufiges Wegenetz: 23 km muss man zurücklegen, wenn man alle etwa 8000 Tiere aus fast 1000 Arten sehen möchte. Bequemer geht's mit der Parkbahn im Sommer auf einer 4 km langen Rundtour zu den wichtigsten Sehenswürdigkeiten: Ein Muss ist der Besuch im Alfred-Brehm-Haus am Südostrand mit seinen Sibirischen Tigern, Löwen, Leoparden und Panthern. Das benachbarte Dickhäuterhaus beherbergt Afrikanische und Asiatische Elefanten sowie Nashörner und Seekühe. Reptilienfans können in der Schlangenfarm eine der weltweit größten Populationen von Giftnattern und Grubenottern bestaunen.

### Kinder

Das Füttern der Affen oder Elefanten ist besonders für kleine Zoobesucher ein Erlebnis. Wer den Tieren noch näher kommen möchte, ist im Streichelzoo richtig aufgehoben. ■ Fütterung, z. B. Affen 14.30, Elefanten 15, Giraffen 12.30 Uhr; Eisbären-Talk 11 und 14 Uhr; Streichelzoo 9–16 Uhr

## 44 Gärten der Welt

*Der Erholungspark lockt Gartenliebhaber in den abgelegenen Osten*

■ U5 Kienberg – Gärten der Welt (Seilbahnstation), Bus 197, X 69

■ Eingänge: Blumberger Damm 44 (Besucherzentrum mit Restaurants), Eisenacher Str. 99 (Infopavillon), Kienbergpark (Seilbahn in der Nähe der U-Bahnstation), www.gaertenderwelt.de, tgl. 9 Uhr bis Sonnenuntergang, Seilbahn Mo–Fr 10–18, Sa, So, Fei bis 19, Bobbahn tgl. 10–17.30 bzw. 18.30 Uhr, März–Okt. 7 €, erm. 3 €, inkl. Seilbahn 9,90 €, erm. 5,50 €, Nov.–Feb. 4 €, erm. 2 €, inkl. Seilbahn 6,90 €, erm. 4,50 €, Kinder bis 5 J. frei

Ob Orientalisch oder Japanisch, Englisch oder Italienisch – in dem 21 ha großen Areal begibt man sich auf eine Welt- und Zeitreise durch die Gartenbaukünste aller Epochen. Als Erstes wurde 2000 der Chinesische Garten eröffnet: ein Gelehrtengarten mit Pagodenturm, Teehaus, Pavillons, Bambus und Brücke über den großen See im Zentrum der Welt-Gärten. Im Orientalischen Garten bezaubern marokkanische Kacheln, Ornamente, Springbrunnen und andere Details. Im »Saal der Empfänge« duftet es nach Zedernholz, die Sonne fällt durch die Glaskuppel und sorgt für ein herrliches Farb- und Lichtspiel. Zu weiteren Kleinodien zählen der Italienische Renaissancegarten mit seinen Skulpturen, Rosen und Orangenbäumchen und der Irrgarten mit klassischem Labyrinth sowie der idyllische Staudengarten als Blütenoase. Eine Besonderheit ist der Christliche Garten, der mit seinen Schriftzeichen Texte aus dem Alten und Neuen Testament darstellt. 2017 waren die Gärten der Welt

### Gefällt Ihnen das?

Abschalten vom Trubel der Stadt und frische Luft tanken können Sie auch im **Volkspark Friedrichshain** (S. 76), im **Großen Tiergarten** (S. 52), im **Grunewald** (S. 116) oder am **Wannsee** (S. 117)

Schauplatz der Internationalen Gartenausstellung IGA Berlin, u. a. mit Attraktionen wie einer Seilbahn und einer Natur-Bobbahn, einem Spiegellabyrinth, Wassergärten und einer Aussichtsplattform auf dem 100 m hohen Kienberg.

### Kinder

Mit den (Wasser-) Spielplätzen sind die Gärten der Welt ein abenteuerlicher Tummelplatz für Kinder aller Altersstufen – verbindende Leitidee ist übrigens Erich Kästners Kinderbuch »Der 35. Mai oder Konrad reist in die Südsee«.

## 45 Köpenick

*Originalschauplatz der weltberühmten Köpenickiade*

### Information

■ Tourismusverein Berlin Treptow-Köpenick, Alt-Köpenick 31–33 (Schlossplatz), Tel. 030/655 75 50, www.tkt-berlin.de, Mo–Fr 9–18, Sa 10–13 Uhr

■ Altstadt: S3 Köpenick, dann Tram 62, 63, 68 oder Bus 164, 269

Köpenick ist fast 400 Jahre älter als Berlin – hier ließ Fürst Jaczo de Copanic in der ersten Hälfte des 12. Jh. eine Burg errichten. 1209 wurde Cöpenick erstmals urkundlich erwähnt, erhielt 1232 die Stadtrechte und wurde erst 1920 in Groß-Berlin eingemeindet. Dank des Wasserreichtums avancierte Köpenick im 19. Jh. mit 400 Lohnwäschereien zur »Waschküche Berlins«, Färbereien und chemische Reinigungen folgten.

### Sehenswert

## Altstadt Köpenick

| Stadtbild |

Die Silhouette der Altstadt dominiert das 1901–04 im Stil der märkischen Backsteingotik erbaute Rathaus Köpenick mit fünfteiligem Ziergiebel und 54 m hohem Uhrturm. 1906 wurde das Gebäude weltbekannt durch den Gaunerstreich von Wilhelm Voigt, des Hauptmanns von Köpenick (S. 92). Im Erdgeschoss widmet man ihm eine ständige Ausstellung. Auf den Stufen des Eingangsportals erinnert eine lebensgroße Bronzestatue an Wilhelm Voigt. Die Gassen rund ums Rathaus warten mit meist einstöckigen Kolonistenhäusern aus dem 17./18. Jh. auf. Die hier ansässigen Hugenotten, von Brandenburgs Kurfürst ins Land geholt, mussten weder Steuern zahlen noch Militärdienst leisten. Sie betrieben v. a. die Woll- und Seidenwebereien und konnten nach Jahren der Verfolgung im Heimatland Frankreich erstmals frei leben, worauf sich auch der Straßenname »Freiheit« bezieht. Im Hinterhof des früheren Amtsgerichts in der Freiheit 16 befand sich einst das Gefängnis – von einer kleinen Außenplattform ist die Hauptmannszelle einsehbar, in der Wilhelm Voigt einsaß.

■ Rathaus Köpenick, Alt-Köpenick 21, Ausstellung: Mo–Fr 9–18, Sa, So bis 17 Uhr, Eintritt frei

## Schloss Köpenick

| Kunstgewerbemuseum |

Das Wasserschloss liegt idyllisch auf der Schlossinsel in der Dahme und ist durch einen Holzsteg mit der nördlichen Altstadt verbunden. Im 9. Jh. stand hier eine grabengesicherte Burg, die Kurfürst Joachim II. von Branden-

*Das Rathaus, in dem Wilhelm Voigt als Hauptmann die Obrigkeit narrte*

## Im Blickpunkt

### Frechheit siegt – der Hauptmann von Köpenick

1906 kam der Schuster Wilhelm Voigt nach Berlin. Am 16. Oktober 1906 kaufte er bei einem Trödler für 20 Reichsmark die Uniform eines kaiserlichen Gardeoffiziers. In dieser Verkleidung nahm er an der Neuen Wache im Wedding zehn Soldaten unter sein Kommando und fuhr mit ihnen nach Köpenick. Dort ließ er Bürgermeister, Oberstadtsekretär und Kassenrendant verhaften, beschlagnahmte die Stadtkasse mit 4000 Reichsmark und verschwand. Zehn Tage später wurde Voigt verhaftet und zu vier Jahren Gefängnis verurteilt, doch nach der Hälfte der Zeit vom Kaiser begnadigt. Im Jahr 1931 schrieb Carl Zuckmayer (1896–1977) darüber ein Bühnenstück, das heute vor dem Köpenicker Rathaus als Straßentheater (im Sommer Mi, Sa 11 Uhr) nachgespielt wird.

burg im Jahr 1558 durch ein erstes Wasserschloss ersetzte. In seiner heutigen Form geht es auf den Großen Kurfürsten zurück, der es 1677–90 als Lustschloss für seinen Sohn, den späteren König Friedrich I., erneuern ließ. Die Säle sind geschmückt mit Stuck, bemalten Decken, seidenen Tapisserien, getäfelten Wandverkleidungen sowie Möbeln aus Renaissance und Rokoko. Hauptsaal des Schlosses ist der Wappensaal mit üppigem Barockstuck.

■ Schlossinsel 1, www.smb.museum, April–Sept. Di–So 11–18, Okt.–März Do–So 11–17 Uhr, 6 €, erm. 3 €, bis 18 J. freier Eintritt

### Flussbad Gartenstraße

| Badeanstalt |

Im Fischerkietz gegenüber der Altstadt lockt das älteste Flussbad Berlins (1897) mit einem 50 m langen aufgeschütteten Sandstrand am Ostufer der Dahme.

■ Gartenstr. 42, www.der-coepenicker.de, Mai–Sept. Mo–Sa 17–24, So 11–23 Uhr

### Restaurants

**€–€€ | Krokodil** Bestes Essen. Vom Biergarten aus sieht man das Treiben im Flussbad. Zum Sonnenuntergang oder zum Sonntagsbrunch (11–15 Uhr) reservieren! ■ Gartenstr. 46–48, Tel. 030/ 65 88 00 94, www.der-coepenicker.de, Di–Do 16–23, Fr bis 24, Sa 15–24, So 11–23 Uhr

### Events

**Jazz in Town** Der Rathaushof und der Ratskeller mit seinem alten Gewölbe dienen alljährlich von Juni/Juli bis September als Kulisse für das renommierte Köpenicker Blues- und Jazzfestival. ■ Alt-Köpenick 21, Tel. 030/655 51 78, www.ratskeller-koepenick.de

# 46 Großer Müggelsee

*An warmen Tagen ist die größte Badewanne der Berliner heiß begehrt*

■ S3 Friedrichshagen, dann Tram 60, 61, oder S3 Rahnsdorf

Der von Wäldern umrahmte Große Müggelsee und sein östliches Anhängsel, der Kleine Müggelsee, zählen zu den beliebtesten Ausflugszielen und größten Wassersportzentren im Südosten Berlins. Rahnsdorf am Nordostufer zeigt noch ländliches Flair rund um die 1887 errichtete Dorfkirche. Reizvoll sind hier eine Kanupartie oder ein Badetag im denkmalgeschützten Strandbad Müggelsee (1912). Am Südufer ragen die sanft gerundeten Müggelberge auf. Von den Schiffsanlegern Müggelseeperle und Rübezahl, wo Ausflugslokale liegen, können Wanderer die Köpenicker Heide und den Berliner Stadtforst zwischen See und Bergen erkunden. Beliebt ist der 30 m hohe Müggelturm. Von seiner Aussichtsplattform reicht der Blick über die Seen und die Stadt bis zum fast 40 km entfernten Teufelsberg im Grunewald.

## Kinder

**Strandbad Müggelsee (Rahnsdorf)** Mit Volleyball- und Kinderspielplatz, Klettergerüst, Badeinsel, Strandkörben, Liegewiese und FKK-Bereich zieht das Strandbad an sommerlichen Tagen bis zu 15 000 Badenixen und Sonnenanbeter an. ■ Fürstenwalder Damm 838, Tel. 030/6487777, tgl. 9 Uhr bis Sonnenuntergang, derzeit wegen Sanierungsmaßnahmen an den Gebäuden freier Eintritt (aber Spende gern gesehen), Tram 61 (Freibad Müggelsee)

*Ein Paradies für große und kleine Wasserratten und Sonnenanbeter*

## Erlebnisse

**Dampfer ahoi!** Ein guter Ausgangspunkt für Schiffstouren ist das frühere Spinnereidorf Friedrichshagen am Austritt der Müggelspree im Nordwesten des Sees. ■ Anleger im Müggelpark, www.sternundkreis.de

## Sport

**Paddeltour durch Neu-Venedig** Das in den 1920er-Jahren angelegte Wasserlabyrinth besteht aus fünf schmalen Kanälen und 14 Brücken, an den Ufern liegen hinter Trauerweiden versteckt idyllische Grundstücke. ■ Surf- und Segelschule Müggelsee, Fürstenwalder Damm 838 (Rahnsdorf), www.surf-und-segelschule-mueggelsee.de, Mai–Sept. tgl. 10–20 Uhr, 9–25 €/1–4 Std.

# Am Abend

## Bühne

**Mehringhof-Theater** Neben Kabarett, Comedy und Standup-Performances auch Impro-Theatergruppen. ■ Gneisenaustr. 2 (Kreuzberg), U7 Mehringdamm, Karten-Tel. 030/6915099, www.mehringhoftheater.de

**Stars in Concert/Estrel Festival Center Berlin** Elvis, Michael Jackson, The Beatles, Amy Winehouse, The Blues Brothers, Elton John und viele andere. ■ Sonnenallee 225 (Neukölln), S Sonnenallee, www.stars-in-concert.de

**Tanzfabrik Berlin** Zeitgenössischer Tanz und Performances mit eigener Sommer-Biennale »Tanznacht in Berlin«. ■ Möckernstr. 68 (Kreuzberg), U7 Möckernbrücke, und Uferstr. 23 (Wedding), U8 Pankstraße, www.tanzfabrik-berlin.de, Karten über www.reservix.de

## Konzerte

**Columbiahalle** Rock, Pop, Rap und Avantgarde vom Feinsten gegenüber vom Tempelhofer Feld. ■ Columbiadamm 13–21 (Tempelhof), U6 Platz der Luftbrücke, www.columbiahalle.berlin

**Wild at Heart** Kreuzberger Nächte der etwas härteren Art: Für schweißgetränkte Stimmung sorgen Punk, Metal, Garagenrock, Indie und Folk (der nicht mehr ganz so jungen Generation). ■ Wiener Str. 20 (Kreuzberg), U1 Görlitzer Bhf., www.wildatheartberlin.de, Mi–Sa ab 20 Uhr

## Kneipen, Bars und Clubs

**Dachkammer** Unten Szenekneipe, oben Wohnzimmer-Cocktailbar. ■ Simon-Dach-Str. 39 (Friedrichshain), S, U Warschauer Straße, www.dachkammer.com, tgl. ab 13 Uhr

**Golgatha** Mit Biergarten, Tanz zu DJ-Musik (Fr, Sa ab 22 Uhr) und Live-Konzerten sowie Live-Sport-Übertragungen. ■ Im Viktoriapark, Eingang Katzbachstr. (Kreuzberg), U7 Yorkstraße, www.golgatha-berlin.de, tgl. ab 9 Uhr, Grill ab 12 Uhr (Sept.–März s. Website)

**Heidelberger Krug** Die Raucherkneipe am Chamissoplatz bewirtet ihre Gäste seit gut 100 Jahren. ■ Arndtstr. 15 (Kreuzberg), U7 Mehringdamm, www.heidelberger-krug.de, Mo–Fr 16/17–2, Sa ab 14 Uhr (im Winter ab 17 Uhr)

**RAW-Gelände** Clubgänger ziehen auf dem ehemaligen Reichsbahn-Gelände von einer Location in die nächste, es gibt Bars und Biergärten zwischen vielen Graffitis und durchaus auch zwielichtigen Gestalten. ■ Revaler Str. 99 (Friedrichshain), S, U Warschauer Straße, www.raw-gelaende.de, 24 Std. geöffnet

## Freiluftkinos

**Freiluftkino Friedrichshain** Über 1500 Plätze und große Liegewiese. ■ Volkspark Friedrichshain, Tram M8 Platz der Vereinten Nationen, www.freiluftkino-berlin.de, Mitte Mai–Anf. Sept.

**Freiluftkino Kreuzberg** Alle Filme im Original mit Untertiteln. ■ Mariannenplatz im Kunstquartier Bethanien, U Kottbusser Tor, www.freiluftkino-kreuzberg.de, Mitte Mai–Anf. Sept.

**Freiluftkino Hasenheide** Open-Air-Filme im Park. ■ Volkspark Hasenheide, U7 Hermannplatz, www.freiluftkino-hasenheide.de, Mitte Mai–Anf. Sept.

## Übernachten

Hier wohnt man in angesagten Gästehäusern und designorientierten Hotels. Die vorwiegend jugendliche Klientel zieht es auch in die Hostels, in denen es häufig einfacher zugeht.

### €

**Ibis Berlin Mitte** Zentral, preiswert und mit Parkhaus: Die Accor-Hotelkette beherbergt ihre Gäste in 200 recht schlichten Zimmern, aber dafür sind es nur 10 Minuten Fußweg zum Alex. ■ Prenzlauer Allee 4, Tel. 030/44 33 30, https://ibis.accorhotels.com

**Ostel** Eine Zeitreise in den Plattenbau und in die DDR der 1970er- und 1980er-Jahre. Honecker blickt auf die Gäste, Maxim Gorki gibt's zum Lesen im (etwas hellhörigen) DDR-Design-Hostel (teils Gemeinschaftsbäder, bis zur 6. Etage geht's zu Fuß). ■ Wriezener Karree 5 (Friedrichshain), Tel. 030/ 25 76 86 60, www.ostel.eu

**Transit** Bei jungen Reisenden und Familien beliebtes Hostel in einem alten Fabrikgebäude, teils mit Mehrbettzimmern (alle inkl. Bad). Frühstück auch für Langschläfer und Nachtschwärmer (bis 12 Uhr) – wen wundert's: Hier kann es schon mal lauter werden. ■ Hagelberger Str. 53–54, Tel. 030/ 789 04 70, www.hotel-transit.de

### €€

**Melarose Feng Shui** Das kleine Hotel mit den vielen lachenden Buddhas ist ganz nach der Feng-Shui-Lehre eingerichtet. ■ Greifswalder Str. 199, Tel. 030/817 98 838, www.melarose-fengshui hotel.de

**Nhow** Ein echter Hingucker: Der ultrastylishe Design-Klotz bietet moderne Zimmer in Rosa und Fahrstühle mit Musik (Europas erstes Musikhotel, Gitarre und Keyboard gegen Aufpreis). Hervorragendes Prosecco-Frühstück! ■ Stralauer Allee 3, Tel. 030/290 29 90, www.nhow-hotels.com

## ADAC Das besondere Hotel

**Hüttenpalast** Wie wäre es mit einer Übernachtung in einer alten Fabriketage, die an Schrebergärten und Camping erinnert? Hier übernachtet man in Holzhütten und Oldie-Wohnwagen inklusive Hollywoodschaukel. Die Gemeinschaftsbäder sind nach Geschlecht getrennt, Geräuschempfindliche sollten Ohrstöpsel mitbringen, denn hier ist die Partymeile nah.
*€€ | Hobrechtstr. 65/66 (Neukölln), Tel. 030/37 30 58 06, www.huettenpalast.de*

# City West und Charlottenburg-Wilmersdorf

*Der nach Sophie Charlotte benannte Stadtbezirk kann sich sehen lassen: Königinnen und Kunst, Kaufrausch und Ku'damm-Bummel*

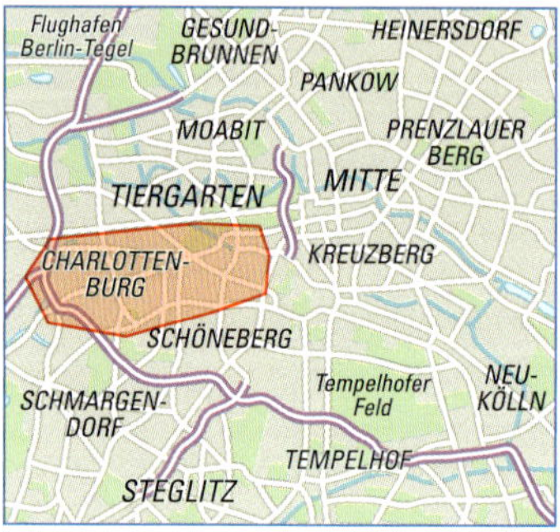


Die einst so verrufene Gegend rund um den Bahnhof Zoo hat sich seit der Jahrtausendwende frisch herausgeputzt und punktet wieder mit weltstädtischem Flair: Fast im Jahresrhythmus kommen hier neue spektakuläre Bauten namhafter Architekten hinzu, etwa die beiden Hochhaustürme am Breitscheidplatz.

Spazieren lässt es sich wie eh und je hervorragend auf dem Ku'damm, wo sich schon die Berliner Boheme um 1900 in den Kaffeehäusern und Revue-Theatern traf. Heute verlocken auf der berühmten Flaniermeile quasi auf Schritt und Tritt namhafte Luxus-Designer und Kaufhausketten jeglicher Preisklassen (Tauentzienstraße), und auch unbekanntere Modeschöpfer finden im Bikini-Haus am Zoo ihre Kundschaft – als Kontrastprogramm zum legendär-luxuriösen KaDeWe.

Kunstliebhaber zieht es von einer Galerie und Sammlung in die nächste, zu den weltberühmten Meistern von Matisse bis Dalí und Picasso, gleich gegenüber vom grandios barocken Schloss Charlottenburg. Wer es lebendig, wild und exotisch mag, kommt im Zoo auf seine Kosten – dem mit weitem Abstand artenreichsten Tierpark der Welt! Für eine erste Übersicht aus der Vogelperspektive empfiehlt sich die Besteigung des Funkturms – keine Sorge, es gibt natürlich auch einen Fahrstuhl. In 125 m Höhe bietet sich hier ein famoses 360-Grad-Panorama.

## In diesem Kapitel:



## ADAC Empfehlungen:

17 **Museum für Fotografie – Helmut Newton Stiftung**
| Museum |
Der Starfotograf gibt sich die Ehre: viel nackte Modelhaut auf High Heels in einem hochherrschaftlichen ehemaligen Offizierskasino. ..................100

18 **KaDeWe**
| Kaufhaus |
Eine Berliner Legende: Kaufen ohne Ende im größten Warenhaus auf dem europäischen Kontinent. ................. 103

19 **Residenzkonzerte**
| Klassikkonzerte |
Klassik à la carte: Konzerte im barocken Ambiente der Großen Orangerie im Schloss Charlottenburg. ............. 108

20 **Motel One Berlin Upper West**
| Hotel |
Modern-stylishes Ambiete zum günstigen Preis und mit tollem City-Panorama. ........................................ 109

# 47 City West

*Das »alte« Westberliner Zentrum ist wieder stark im Kommen!*

*Das berühmte namensgebende Café am Kranzler Eck ist längst Geschichte*

### Information

- Berlin Tourist-Info im Europa-Center, Tauentzienstr. 9, Tel. 030/25 00 25 (Reservierung), Beratung Tel. 030/25 00 23 33, www.visitberlin.de, tgl. 10–20 Uhr
- S, U2 Zoologischer Garten, U1 Kurfürstendamm, Uhlandstraße, U7 Adenauerplatz
- Parken siehe S. 102

Die Gegend um den Bahnhof Zoologischer Garten war lange ziemlich berüchtigt. Wer sich an den Film »Wir Kinder vom Bahnhof Zoo« (1981) erinnert oder ein paar Jahre nicht hier war, der wird die alte »Schmuddel«-Ecke kaum wiedererkennen. Hier entstanden seit 2013 zwei der höchsten Bauten Berlins mit ihren 118-m-Türmen und verändern die Skyline der City West, v. a. am Breitscheidplatz, mit kontrastreichem Innenleben: das Waldorf Astoria und daneben im leicht gekrümmten weißen Upper West die Hotelkette Motel One. Gegenüber, gleich neben dem Traditionskino Zoo Palast, entstand das innovativ-trendige Shopping Center Bikini Berlin.

Auch der Ku'damm ist stark im Wandel, z. B. am Kranzler Eck: Der berühmte Kaffeehausklassiker mit der rotweißen Rotunde wird seit dem Jahr 2000 von einem Hochhaus des Stararchitek-

Plan
S. 101

ten Helmut Jahn überragt. Ins altehrwürdige Café Kranzler zog eine Szene-Rösterei mit Kaffee in Pappbechern ein. Aber natürlich kann man weiterhin auf dem Boulevard im Schatten alter Bäume flanieren – Sehen und Gesehenwerden zwischen Straßencafés und Nobelmarken von Armani bis Vuitton.

**Sehenswert**

## a Kurfürstendamm

| Flaniermeile |

Der 1542 bis zum Jagdschloss Grunewald angelegte Reitweg der Kurfürsten gab dem Boulevard seinen Namen. Otto von Bismarck regte 1886 den Ausbau an – als westliches Pendant zur Prachtallee Unter den Linden und als Berliner Champs Élysées. Seine erste Blüte erlebte der Kurfürstendamm mit prunkvollen Stadtpalais und eleganten Jugendstilhäusern in den 1920er-Jahren, als hier Theater, Varietés und Kinos wie Pilze aus dem Boden schossen. Als Reminiszenz an die Wirtschaftswunderjahre sind die typischen Schaukästen auf den Gehwegen entlang der Gründerzeitfassaden erhalten – hier stellt sich das Schaufenster gewissermaßen in den Weg der Klienten. Modernen Schwung, aber auch Verdrängung bringen neue Geschäftshäuser, Passagen und Shoppingkomplexe des 20./21. Jh. mit namhaften Boutiquen, Designer- und Juwelierläden.
Viele Geschichten sind mit den Gebäuden auf dem Boulevard zwischen Breitscheidplatz und Adenauerplatz verbunden: In Nr. 234, lange Jahre ein Café, verkehrten vor dem Ersten Weltkrieg viele Offiziersgattinnen, die hier ihre Töchter unter die Haube bringen wollten. Das Haus Nr. 217 mit den auffälligen aufgesetzten Ecktürmchen war ein Revuetheater, in dem 1926 Josephine Baker in ihrem legendären Bananenkostüm auftrat. Das dort seit 1934 ansässige Kino Astor ist verschwunden und einem Modegeschäft gewichen. Ein Bummel lohnt sich auch durch die Seitenstraßen, etwa die Fasanenstraße, zwischen Joachimstaler und Leibnizstraße. Hier, insbesondere rund um den Savignyplatz, findet man viele Designerläden, Weingeschäfte, Galerien, Cafés und Restaurants.

### b Kaiser-Wilhelm-Gedächtniskirche

| Mahnmal |

Die Kaiser-Wilhelm-Gedächtniskirche gehört zu den Wahrzeichen Berlins. 1895 im neoromanischen Stil mit fünf Türmen erbaut, wurde sie 1943 bei Luftangriffen zerstört. 1957 sollte der verbliebene Hauptturm abgerissen werden, doch die Berliner protestierten. Und so wurde er stattdessen 1961 vom Architekten Egon Eiermann um einen oktogonalen Sakralraum aus mosaikartig blau verglasten Betonplatten ergänzt, außerdem um einen hohen sechseckigen Glockenturm, eine Kapelle und ein Foyer – das Ensemble nennen die Berliner recht salopp »Lippenstift und Puderdose«. Die Gedenkhalle im Turm mahnt zu Frieden und Versöhnung. Ein goldener Riss im Boden erinnert an die Opfer des Terroranschlags auf den Weihnachtsmarkt am 19. Dezember 2016, eine Inschrift an den Stufen nennt die Namen der Toten.

■ Breitscheidplatz, www.gedaechtniskirche-berlin.de, tgl. 9–19 Uhr, Eintritt frei, Turmführung Ende April–Okt. Sa, So 14.15 Uhr

### c Käthe-Kollwitz-Museum

| Museum |

Das private Käthe-Kollwitz-Museum zeigt Werke der herausragenden Künstlerin (1867–1945) und wichtigen Protagonistin des Expressionismus. Bemerkenswert unter den etwa 100 Druckgrafiken, 70 Zeichnungen und Originalplakaten sind die zahlreichen Selbstbildnisse der zeitlebens sozial engagierten Grafikerin, ihre Arbeiten zum Thema Tod, wie der Holzschnitt-Zyklus »Krieg« (1922/23), und das Gedenkblatt für Karl Liebknecht.

■ Fasanenstr. 24, www.kaethe-kollwitz.de, tgl. 11–18 Uhr, 7 €, erm. 4 €

### d Museum für Fotografie – Helmut Newton Stiftung

| Museum |

17 *Zeitgenössische Fotokunst und lauter schöne Newton-Menschen*

In dem neoklassizistischen Gebäude gilt das rege Besucherinteresse vor allem den Werken des Starfotografen Helmut Newton (1920–2004). Der gebürtige Berliner hatte als Jude 1938 emigrieren müssen und vermachte seiner Vaterstadt dennoch sein Privatarchiv. Die eindrucksvolle Lebenswelt des Meisters wird im Erdgeschosses inszeniert – mit Kameras und Outfits, dem Newton-Mobil und einem Nachbau seines Büros in Monte Carlo. In der ersten Etage kann man den Promis, den Exzentrischen und Schönen im Großformat in die Augen sehen.

Der restaurierte Kaisersaal im 2. Stock bietet Wechselausstellungen des Museums für Fotografie – von den Anfängen mit historischen Postkarten bis hin zur Gegenwart.

■ Jebensstr. 2, www.helmut-newton-foundation.org, www.smb.museum, Di, Mi, Fr–So 11–19, Do 11–20 Uhr, 10 €, erm. 5 €, bis 18 J. Eintritt frei

### e Zoologischer Garten und Aquarium

| Zoo |

Das prächtige Elefantentor (1899) zum ersten und meistbesuchten Tierpark Deutschlands beeindruckt am Eingang

## Gefällt Ihnen das?

Wenn Sie sich für die Künstlerin Käthe Kollwitz interessieren, dann sollten Sie auch die **Neue Wache** (S. 24) und den **Kollwitzplatz** (S. 70) besuchen.

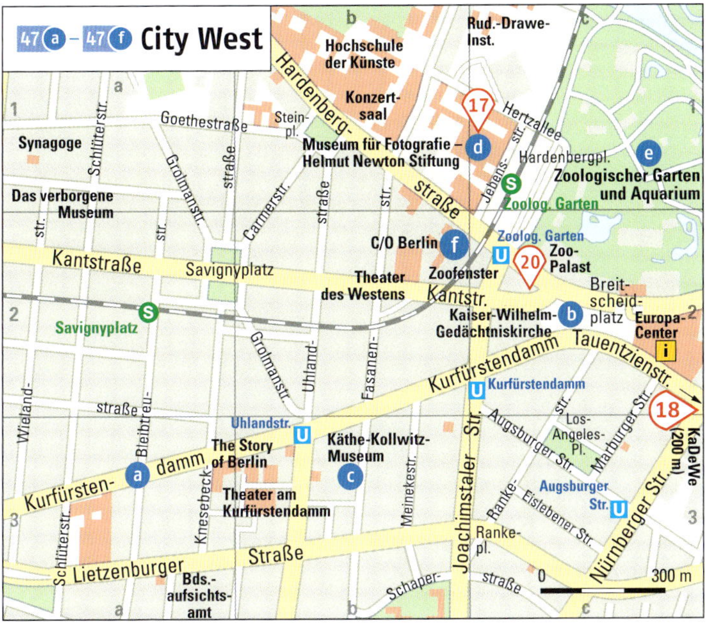


Budapester Straße. Die ersten Tiere bei der Eröffnung 1844 stammten aus der Königlichen Tiersammlung von Friedrich Wilhelm IV.

1943 wurde ein großer Teil des Zoos innerhalb von nur 15 Minuten zerstört, nur 91 von knapp 4000 Tieren überlebten. Das Bombardement überstanden hatte das Antilopenhaus (1871) – ein Paradebeispiel prachtvoll-orientalischer Zoobauten. Heute leben und lärmen auf dem 35 ha großen Gelände und im Aquarium rund 19 400 Tiere aus 1500 Spezies. Nahe dem Elefantentor fällt das Aquarium wegen seiner mit Sauriern geschmückten Jugendstilfassade auf. Bei den Besuchern immer stark bewunderter Blickfang ist der riesige sitzende Iguanodon vor dem Portal. Höhepunkte sind neben der tropischen Krokodilhalle das Haibecken und das Rundumbecken. Bunte Tropenfische, Reptilien und Amphibien begeistern Alt und Jung in ihrer Farbenpracht und Formenvielfalt.

■ Eingänge: Budapester Str. 34 (Elefantentor), Hardenbergplatz 8 (Löwentor), www.zoo-berlin.de, März–Okt. 9–18/18.30, Ende Okt.–Feb. 9–16.30 Uhr, 15,50 € (mit Aquarium 21 €), erm. 8 € (10,50 €)

■ Zoo Aquarium: Budapester Str. 32, www.aquarium-berlin.de, tgl. 9–18 Uhr

## f C/O Berlin

| Fotoausstellung |

Fotokunst mit jungem Kulturflair zeigt nur ein paar Schritte entfernt im Amerika Haus das C/O Berlin, das sich schon an seinem ersten Standort im Postfuhramt an der Oranienburger Straße mit Ausstellungen zur Fotografie von Annie Leibovitz bis Karl Lagerfeld einen Namen gemacht hatte.

■ Hardenbergstr. 22–24, www.co-berlin.org, tgl. 11–20 Uhr (Schließzeiten s. Website), 10 €, erm. 6 €

## Im Blickpunkt

### Berlinalefieber

Jedes Jahr im Februar weht ein Hauch von Hollywood durch Berlin. Vor den Luxushotels warten Autogrammjäger, Premierenlichter erleuchten den Berlinale Palast am Marlene-Dietrich-Platz, und in den Cafés und Restaurants drängen sich Künstler, Presseleute und Fans. An den Zentralen Vorverkaufsstellen in den Arkaden am Potsdamer Platz, im Haus der Berliner Festspiele, im Kino International sowie im Onlineshop sind Tickets erhältlich. Karten gibt es im Vorverkauf ab drei Tage vor der jeweiligen Vorführung oder Restkarten am selben Tag an der jeweiligen Kinokasse. Das Publikumsfilmfest mit seinen vielen Sparten ist sehr beliebt, und echte Cineasten nehmen auch lange Warteschlangen in Kauf, um dabei zu sein (Ticket-Auskunft: Tel. 030/25 92 02 59, www.berlinale.de).

## Parken

Zum Beispiel Parkhaus Kudamm Karree, Uhlandstr. 30–32, www.contipark.de, 2,10 €/Std., 15 €/Tag.

## Restaurants

**€ | Bleibtreu** Das lohnt sich: netter Service, große Portionen, korrekte Preise – ob Frühstück oder Jägerschnitzel. Am Wochenende auch Brunch ■ Bleibtreustr. 45, Tel. 030/881 47 56, www.cafe-bleibtreu.de, So–Do 9–0.30, Fr–So bis 1.30 Uhr, Plan S. 101 a2

**€ | L'Osteria** Eine »Pastamanufaktur«: Modern wie eine Fabrikhalle – Pizza und Pasta schmecken trotzdem fast wie in Italien. Riesige Portionen! Man kann jede Hälfte unterschiedlich belegen lassen und sich teilen. ■ Budapester Str. 38–50 (Bikini-Haus), Tel. 030/2579 43 25, www.losteria.de, Plan S. 101 c2

**€€€ | Kaffeehaus Grosz** Im ehrenwerten Cumberland-Haus verwöhnt das gehobene und stimmungsvolle Café seine Gäste mit Patisserie und Fine Dining. Man speist auch nett im Innenhof. ■ Kurfürstendamm 193/194, Tel. 030/652 14 21 99, www.grosz-berlin.de, tgl. 9– ca. 24 Uhr, Plan S. 101 a3

## Einkaufen

Nicht nur die **Buchhandlung Kohlhaas & Company** im Souterrain des Literaturhauses Berlin bietet sich nach Literaturausstellungen und Lesungen an. Auch ein Besuch im historisch-gediegenen Gartencafé mit Wintergarten ist zu empfehlen. ■ Fasanenstr. 23, Tel. 030/887 28 60, www.literaturhaus-berlin.de, tgl. 9–24 Uhr, Laden: www.kohlhaasbuch.de, Mo–Fr 10.30–19.30, Sa bis 18 Uhr, Plan S. 101 b3

## ADAC Spartipp

Wer spontan Lust auf Oper oder Comedy verspürt, bekommt an der Kulturbox von Hekticket ab 14 Uhr **Last-Minute-Tickets** für denselben Tag – mit bis zu 50 % Ermäßigung! *Hardenbergplatz 1 (am Bahnhof Zoo), Tel. 030/230 99 30, www.hekticket.de, Mo–Fr 12–20, Sa 10–20, So 15–18 Uhr*

18 **KaDeWe** Einen Besuch im Kultkaufhaus sollte man unbedingt einplanen. Ein Gläschen Champagner in der Feinschmeckeretage im 6. Stock nicht vergessen! ■ Tauentzienstr. 21–24, www.kadewe.de, Mo–Do 10–20, Fr 10–21, Sa 9.30–20 Uhr, Plan S. 101 östl. c2

**Bikini Berlin** Die erste Concept Mall in Berlin: statt großer Ketten nur lokale Modeschöpfer mit kleinen Labels. Ausruhen kann man in Cafés und Bars – teils mit Blick in den Zoo. ■ Budapester Str. (neben Zoo-Palast), www.bikiniberlin.de, Mo–Sa 10–20 Uhr, Plan S. 101 c2

## 48 Schloss Charlottenburg

*Größtes und glanzvollstes der Berliner Hohenzollernschlösser*

■ S Westend, U7 Richard-Wagner-Platz, dann Bus M45 Schloss Charlottenburg ■ Spandauer Damm 10–22, www.spsg.de, Schloss (inkl. Neuer Flügel und Museen im Alten Schloss) April–Okt. Di–So 10–17.30, sonst bis 16.30 Uhr, Altes Schloss 12 €, erm. 8 €, inkl. Neuer Flügel 17 €, erm. 13 €, nur Neuer Flügel 10 €, erm. 7 €; Park tgl. 8 Uhr bis Sonnenuntergang, Eintritt frei, Spende erwünscht; Belvedere und Mausoleum April–Okt. Di–So 10–17.30 Uhr; Neuer Pavillon April–Okt. Di–So 10–17.30, Nov.–März Di–So 12–16 Uhr, Belvedere und Neuer Pavillon je 4 €, erm. 3 €, Mausoleum 2 €. (Bei laufendem Betrieb werden Fassaden und Dächer der Großen Orangerie und des Theaterbaus saniert.)

Die preußische Königin Sophie Charlotte (1668–1705) ließ ihr Sommer-

*Kulinarische Genüsse und toller Ausblick im Wintergarten des KaDeWe*

*Das Schloss diente 2004–2006 dem Bundespräsidenten zu Repräsentationszwecken*

schlösschen ab dem Beginn des 18. Jh. nach dem Vorbild Versailles repräsentativ ausbauen. Das noch nach ihrem Tod in mehreren Phasen bis 1791 beidseitig auf imposante 500 m Länge erweiterte Alte Schloss wurde durch einen Kuppelturm in der Mitte ergänzt, den eine vergoldete Fortuna bekrönt (2014 umfassend saniert). In der Orangerie im Westen besichtigt man heute Ausstellungen und lauscht Barockmusik (S. 108). Links daneben schließt sich das Schlosstheater von Carl Gotthard Langhans an. In den historischen Räumen im Mitteltrakt des Alten Schlosses sowie dem links anschließenden alten Westflügel befinden sich die Eichengalerie, das herrliche Porzellankabinett und die früheren Wohnräume Sophie Charlottes.

Im 2017 sanierten Neuen Flügel liegen die prunkvollen Gemächer Friedrichs des Großen, das Schlafzimmer von Königin Luise und der Weiße Saal, der Friedrich II. als Speise- und Thronsaal diente. Beeindruckend ist die 42 m lange Goldene Galerie mit ihren kunstvollen Dekorationen aus vergoldetem Stuck. Zu den wichtigsten Exponaten gehören die Gemälde von Jean-Antoine Watteau und die Tabakdosensammlung des Alten Fritz.

Ein Glanzstück europäischer Gartenbaukunst: Der Schlosspark (55 ha) wurde 1687 als erster französischer Barockgarten in Deutschland stilgerecht symmetrisch sowie mit achteckigen Brunnen gestaltet und ab 1825 von Peter Joseph Lenné um einen englischen Landschaftsgarten erweitert. Im nördlichen Teil fällt das 1788 erbaute barocke Belvedere ins Auge, ein hübsches Teehaus mit einer Ausstellung der Königlichen Porzellan-Manufaktur (KPM) des 18. und 19. Jh. Im Westteil des Parks steht ein kleiner dorischer Tempel, das Mausoleum (1812) – die letzte Ruhestätte der beim Volk sehr beliebten, früh verstorbenen Königin Luise von Preußen (1776–1810).

## P Parken

Gebührenpflichtige Parkplätze vor dem Schloss, 2 €/Std.

## Restaurants

€ | **Kleine Orangerie** Selbstbedienungslokal im kleinen Orangerie-Haus: Im Biergarten oder Wintergarten kann man bei Kaffee, Kuchen und einem warmen Imbiss eine Pause einlegen – die Berliner schwören auf die Windbeutel! ■ Spandauer Damm 20, Tel. 030/3222021, März–Dez. Di–So 10–18, Jan., Feb. Mi–So 10–18 Uhr

€–€€ | **Brauhaus Lemke** Bierfreunde aufgepasst: überzeugende Bierauswahl, urige Atmosphäre und deftige Speisen. Verkostung und Brauereiführung möglich. ■ Luisenplatz 1, Tel. 030/30878979, www.lemke.berlin, tgl. 12–24 Uhr

## ADAC Wussten Sie schon?

Die schöne **Königin Luise von Preußen** verstarb früh – mit nur 34 Jahren. Dennoch hat sich die Mutter des späteren Kaisers Wilhelm I. schon zu Lebzeiten einen legendären Ruf verschafft, auch als furchtlose Politikerin – so der Mythos. Luise gilt als Symbolfigur für den Wiederaufstieg Preußens, besonders bei ihrer Begegnung mit dem wohl größten Feind des Königreiches im Juli 1807: Napoleon – fast eine Stunde unter vier Augen! Eine offenbar selbstbewusste, schlagfertige und charmante Frau. Im Gedenken an die Monarchin legen noch heute viele Berliner an ihrem Todestag Blumen am Marmorsarkophag nieder.

## Cafés

**Café am Belvedere** Das gemütliche deutsch-russisch-jüdische Cafélokal liegt außerhalb des Schlossparks, man muss nur über die Spreebrücke im Norden auf die andere Seite: leckerer Kuchen, Frühstück und einige Mittagsgerichte/Suppen (Soljanka, Blinis). ■ Tegeler Weg 23a, Tel. 0176/72573346, Mo–Fr ca. 9–17, So 10–17 Uhr

# 49 Museum Berggruen

*Berühmte Sammlung mit Werken von Picasso, Klee, Matisse, Cézanne*

■ S Westend, U7 Richard-Wagner-Platz, dann Bus M45 Schloss Charlottenburg
■ Schlossstr. 1/Spandauer Damm, www.smb.museum, Di–Fr 10–18, Sa, So 11–18 Uhr, 10 €, erm. 5 €, bis 18 J. freier Eintritt

Der Kunstsammler Heinz Berggruen (1914–2007) war 60 Jahre nach seiner Emigration als Jude aus Nazi-Deutschland 1996 in seine Heimatstadt zurückgekehrt. Als Geste der Versöhnung überließ er der Stiftung Preußischer Kulturbesitz seine private Kollektion von rund 200 Werken der klassischen Moderne zu einem Drittel des Marktwertes. Gegenüber vom Schloss Charlottenburg können die Klassiker im westlichen Stülerbau bewundert werden, darunter allein 100 Gemälde, Skulpturen und Grafiken von Pablo Picasso, z. B. der »Sitzende Harlekin« (1905) und »Der gelbe Pullover« (Dora Maar) von 1939. Mit bedeutenden Werken sind auch Paul Klee und Henri Matisse vertreten, hinzu kommen einige Gemälde von Paul Cézanne und Skulpturen von Alberto Giacometti.

## 50 Sammlung Scharf-Gerstenberg

*Tiefe Einblicke in surreale Welten von Goya bis Magritte*

■ S Westend, U7 Richard-Wagner-Platz, dann Bus M45 Schloss Charlottenburg
■ Schlossstr. 70, www.smb.museum, Di–Fr 10–18, Sa, So 11–18 Uhr, 10 €, erm. 5 €, bis 18 J. freier Eintritt

Rund 250 Werke des Surrealismus ziehen die Besucher ins Museum Scharf-Gerstenberg, das an einen der bedeutendsten Kunstsammler, Otto Gerstenberg (1848–1935), und seinen Enkel Dieter Scharf (1926–2001) erinnert. Neben Gemälden von Max Ernst, René Magritte und Salvador Dalí gibt es v.a. Grafik zu sehen, darunter Vorgänger der Surrealisten wie Piranesi und Goya.

### Cafés

**Café Kunstpause** Eine kleine Erholung von diesem wahren Kunstmarathon bietet das helle Museumsfoyer mit Kuchen, Sandwiches und Tagessuppen.
■ Tel. 030/77 00 89 39

## 51 Bröhan-Museum

*Jugendstil, Art déco und Funktionalismus in einer früheren Infanteriekaserne*

■ S Westend, U7 Richard-Wagner-Platz, dann Bus M45 Schloss Charlottenburg
■ Schlossstr. 1 a, www.broehan-museum.de, Di–So und Fei 10–18 Uhr, 8 €, erm. 5 €

Das Bröhan-Museum widmet sich der Kunst zwischen 1889 und 1939. Der Unternehmer Karl H. Bröhan (1921–2000) hatte seit 1966 eifrig Kunsthandwerk, Gemälde, Möbel, Gläser und Design des Art déco, Art Nouveau, Jugendstil und Funktionalismus zusammengetragen und gestiftet, darunter auch von Künstlern der 1898 gegründeten Berliner Secession und des großen belgischen Architekten und Designers Henry van de Velde.

## 52 Funkturm

*Stählerner Pionier der Rundfunkhistorie mit herrlichem Panoramablick*

■ S Messe Nord/ICC, Messe Süd, U2 Kaiserdamm, Theodor-Heuss-Platz
■ Hammarskjöldplatz 1, Tel. 030/30 38 19 05, www.funkturm-messeberlin.de, Plattform Di–Fr 14–22, Sa, So 11–22 Uhr, bei schlechter Witterung und Juli–Mitte Sept. geschl., 6 €, erm. 3 €

Der »Lange Lulatsch«, wie die Berliner scherzhaft eines ihrer bekanntesten Wahrzeichen nennen, misst mit Antennen 147 m. Er entstand 1924–26 an-

### ADAC Wussten Sie schon?

Der **Funkturm** schrieb Fernsehgeschichte: Von hier aus wurde 1929 das erste Fernsehbild in Deutschland ausgestrahlt und 1935 das weltweit erste reguläre Fernsehprogramm. Auch sonst ist der Turm ein Meisterwerk früher Hightech: Der Fahrstuhl (max. 10 Personen sausen in 33 Sekunden zur Plattform, d.h. 4 m/s) wird per Funk gesteuert. Wer lieber Treppen steigt: 287 Stufen sind es bis zum Restaurant, 610 zur Plattform.

lässlich der dritten Großen Deutschen Funkausstellung und diente als Antennenträger, Rundfunk-Sendemast und Signalturm für den Flugverkehr. 1945 zerstörte eine Granate eine der Hauptstreben des Turms, der sich jedoch mithilfe von 800 kg schweren Schrauben auf den verbliebenen drei Beinen wacker hielt. Übrigens ruhen seine Eckpfeiler auf Porzellan der KPM und weisen ein Gesamtgewicht von 600 t auf. Vom Restaurant in rund 55 m Höhe und von der Aussichtsplattform (125 m) hat man einen fantastischen Blick, z. B. auf das raumschiffartige, aber dringend sanierungsbedürftige ICC (Internationale Congress Centrum) zu seinen Füßen.

### Restaurants

€€ | **Funkturm-Restaurant** Stilvoll speisen und dabei die Aussicht über die Stadt genießen. ■ Tel. 030/30 38 29 00, www.funkturmrestaurant.de, Di 18–23, Mi–So 11.30–23 Uhr, Büfett: Di–So ab 18 Uhr, Juli–Mitte Sept. meist Sommerpause, 3 €, erm. 2 €

*Als Sendemast hat er ausgedient – aber Berlin ohne Funkturm wäre undenkbar*

## 53 Georg Kolbe Museum

*Eine Sammlung zur Skulptur des 20. Jh. mit viel Garten-Ambiente*

■ S5 Heerstraße

■ Sensburger Allee 25, www.georg-kolbe-museum.de, tgl. 10–18 Uhr, 7 €, erm. 5 €

Im Wohn- und Atelierhaus des Bildhauers Georg Kolbe (1877–1947) ist heute eine Sammlung zur Skulptur des 20. Jh. mit Schwerpunkt auf Kolbes Werk untergebracht. Auch rings um das Gebäude gibt es viel Werke des Künstlers zu sehen, so im Garten u. a. den »Tänzerinnenbrunnen«, im nahen Georg-Kolbe-Hain stehen Skulpturen wie die »Große Kniende«, »Ruhende«, »Dionysos«, »Großer Stürzender« oder »Mars und Venus«.

Das Grab des Bildhauers findet man nahebei (5 Min. Fußweg gen Norden) auf dem besonders schön gelegenen Friedhof Heerstraße um den Sausuhlensee. Hier haben auch viele andere Berühmtheiten ihre letzte Ruhestätte gefunden: der Dichter Joachim Ringelnatz (gest. 1934), der Maler George Grosz (gest. 1959), der Dramatiker Curt Goetz (gest. 1960) und Bühnen- bzw. Filmstars wie Grete Weiser (gest. 1970), Tilla Durieux (gest. 1971) und Loriot (Vicco von Bülow, gest. 2011).

## Am Abend

In Charlottenburg ist die gehobene Kultur von Oper und Polit-Kabarett zu Hause, und danach geht's meist noch in die gemütliche Kiezkneipe oder zum Bummel über den Ku'damm.

### Bühne

**Deutsche Oper Berlin** Ob »La Traviata« oder »Lohengrin«, Mozart, Wagner oder Verdi – das Haus bietet Operngenuss vom Feinsten. ■ Bismarckstr. 35, U2 Deutsche Oper, Tel. 030/34384343, www.deutscheoperberlin.de

**Die Stachelschweine** Das kleine Polit-Kabarett spielt hier im Europa-Center seit 1965. Es blickt auf eine lange Geschichte seit 1949 zurück und sticht immer noch. ■ Europa-Center (UG), Tauentzienstr. 9–12, S, U Zoologischer Garten, Tel. 030/2614795, www.diestachelschweine.de

**Schaubühne am Lehniner Platz** Hier treten auch Tatort-Kommissare auf, natürlich in anderen Rollen, z. B. Mark Waschke und Jörg Hartmann, aber auch Nina Hoss und Lars Eidinger gehören zum Ensemble. ■ Kurfürstendamm 153, U7 Adenauerplatz, Tel. 030/890023, www.schaubuehne.de

**Theater des Westens** Ein pompöses Schmuckstück und traditionsreiche Spielstätte von großen Musicalproduktionen, teils auch Operetten. ■ Kantstr. 12, S, U Zoologischer Garten, Tel. 0180/54444, www.stage-entertainment.de

**Theater & Komödie am Kurfürstendamm im Schiller Theater** Das Theater überzeugt mit Boulevard, Lesungen und Konzerten. ■ Bismarckstr. 110, U2 Ernst-Reuter-Platz, Tel. 030/88591188, www.komoedie-berlin.de

### Konzerte

19 **Residenzkonzerte** Musiker in Kostümen und mit Perücken spielen Mozart und Vivaldi. Es kann ein Gourmet-Dinner mitgebucht werden. ■ Spandauer Damm 22–24, Bus M45 Schloss Charlottenburg, Tel. 030/25810350, www.residenzkonzerte.berlin, 20 Uhr, mit Dinner: 18 Uhr

**Badenscher Hof** Renommierter Jazzclub und Musikcafé mit Restaurant (€). ■ Badensche Str. 29, Ecke Berliner Str., U7 Blissestraße, Tel. 030/8610080, www.badenscher-hof.de, Mo–Fr ab 16, Sa ab 18 Uhr

**Quasimodo** Der Live-Musikkeller ist winzig, Rock'n'Roll, Funk, Jazz, Blues, Soul und Kabarett. Tagsüber Café Modo mit großer Terrasse. ■ Kantstr. 12a, S, U Zoologischer Garten, www.quasimodo.de, ab 19/20 Uhr, Restaurant: Mo–Fr 17–24, Sa, So 13–1 Uhr

### Kneipen, Bars und Clubs

**Mommsen Eck** 100 Biere und Berliner Hausmannskost (€). Das »Original«, nicht zu verwechseln mit dem Nachahmer am Potsdamer Platz (S. 49). ■ Mommsenstr. 45, U7 Adenauerplatz, Tel. 030/3242580, www.mommsen-eck.de, Mo–Sa 12–24, So ab 9 Uhr Brunch

**Hard Rock Cafe** Zentral, freundlich, mit Burger-Kost. ■ Kurfürstendamm 224, U1 Kurfürstendamm, www.hardrock.com, So–Do 11.30–23.30, Fr, Sa bis 0.30 Uhr

## ADAC Das besondere Kino

Erleben Sie einen ganz besonderen Kinoabend und lassen Sie sich verwöhnen in der **Astor Film Lounge**: purer Genuss bei ausgesuchten Filmklassikern, entspannt zurücklehnen in bequemen Paarsesseln mit viel Beinfreiheit, und der Kellner kommt auf Wunsch mit Prosecco und kleinen Speisen vorbei.
*Kurfürstendamm 225, Karten-Tel. 030/ 883 85 51, www.berlin.astor-filmlounge.de*

## Übernachten

Rund um den Ku'damm beherrschen große Hotelnamen die Szene, doch behaupten sich seit rund 100 Jahren auch traditionelle Alterberliner Familienpensionen, wo in den riesigen Wohnungen einzelne Zimmer vermietet werden.

### €–€€

**Pension Brinn** Zentral und doch ruhig: nur sechs geräumige Parkettzimmer in einer Familienpension in U-Bahnnähe, teils mit eigenem Bad. ■ Schillerstr. 10, Tel. 030/3121605, www.pension-brinn.de

**Fasanenhaus** Allein das marmorne Treppenhaus dieser familiären Hotelpension ist sehenswert. Die Zimmer (mit Bad oder Etagendusche), mal mit Parkett oder Kronleuchter überzeugen mit einem unschlagbaren Preis: und das nur eine Minute zu Fuß vom Ku'damm. ■ Fasanenstr. 73, Tel. 030/ 8816713, www.fasanenhaus.de

**Hotel Seifert** Hochherrschaftliches Jugendstil-Haus: 52 gemütliche meist kleine Zimmer (teils Gemeinschaftsbad), reichhaltiges Frühstück, freundliches Personal. Sogar mit Backpacker-Special (€)! ■ Uhlandstr. 162, Tel. 030/ 8841910, www.hotel-seifert.de

### €€

(20) **Motel One Berlin Upper West** Günstig wohnen mit Design und Film-Atmo. Lobby, Bar und Frühstücksterrasse im 10. Stock bieten ein tolles City-Panorama. ■ Upper-West-Gebäude, Kantstr. 163–165, Tel. 030/322 93 19 00, www.motel-one.com

### €€€

**Waldorf Astoria** Hoch über den Dächern (West-) Berlins: elegante Herberge der Hilton-Kette im New-York-Stil mit Spa Guerlain und High Tea mit Aussicht (inklusive Fernrohr und einem Gläschen Champagner ...). ■ Hardenbergstr. 28, Tel. 030/8140 002460, www.waldorfastoriaberlin.de

# Der grüne Westen und Sanssouci

*Grunewald und Wannsee lassen die Großstadthektik schnell vergessen, und in Sanssouci lustwandelt man zwischen Rokoko und Barock*

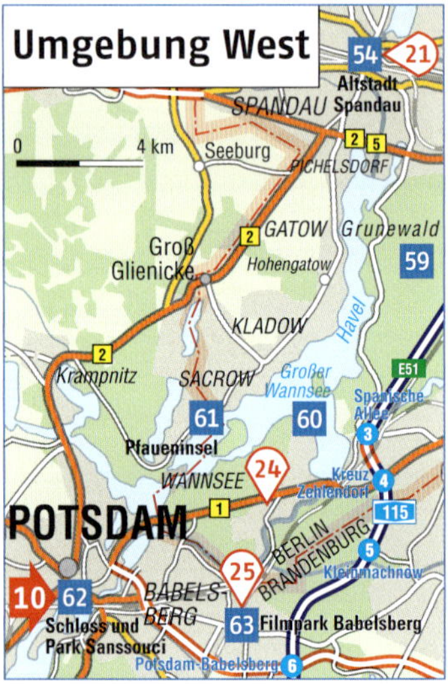


Jetzt wird es dörflich und bodenständig, historisch und prunkvoll. Spandau war schon immer etwas Besonderes, immerhin ist seine Altstadt samt Zitadelle älter als Berlin! 1232 erhielt man hier das Stadtrecht – also schon fünf Jahre vor Berlin-Cölln. Die Havel verbindet die »grünen« Bezirke an der Westflanke Berlins miteinander. Allein die lauschigen Cafés und Ausflugslokale lohnen einen Abstecher ins Grüne.

Und als Höhepunkt Preußens Glanz und Gloria! Sanssouci war der Lieblingssitz des Alten Fritz, der sich hier vor den Toren Berlins sein eigenes Versailles bauen ließ – und Potsdam zur königlichen Hauptresidenz kürte.

## In diesem Kapitel:



## ADAC Top Tipp:

**10 Schloss und Park Sanssouci**

| Schlossanlage |

Ein UNESCO-Welterbe: Die Potsdamer Schlösserpracht bezaubert mit Rokoko-, Barock- und Renaissancebauten und exotischen Überraschungen in einer herrlichen Parklandschaft. ..... 120

## ADAC Empfehlungen:

**21 Altstadt Spandau**

| Stadtbild |

Ein herrlich restauriertes Ensemble aus mittelalterlichen Gassen und Plätzen wartet hier auf Erkundung. ..... 112

60

59

58

# 54 Altstadt Spandau

21 *Kleinstadtflair mit mittelalterlicher Kulisse am Westufer der Havel*

■ U7 Altstadt Spandau

Im Herzen der mittelalterlichen Altstadtgassen liegen der Marktplatz und der Reformationsplatz mit der St.-Nikolai-Kirche. Viele der umliegenden Häuser stehen unter Denkmalschutz, so der Gasthof zum Stern (Carl-Schurz-Str. 47, heute ein Lokal) aus dem frühen 18. Jh. und das klassizistische Haus in der Breiten Str. 20 (1800). An der Havel (Behnitz 5) steht das Heinemann-Haus (1795) mit spätbarocken Elementen. Die Alte Kolkschänke (Kolk 3) ist mehr als 250 Jahre alt, die 1964 wiederhergestellte Marienkirche stammt von 1848.

## Sehenswert

### St.-Nikolai-Kirche

| Kirche |

Das Gotteshaus mit seinem steilen Satteldach und dem mächtigen Westturm stammt aus der ersten Hälfte des 15. Jh. und ist ein bedeutendes Monument märkischer Backsteingotik. Bedeutende Sehenswürdigkeiten im Kirchenschiff sind der Renaissancealtar (1581) sowie die Kanzel (um 1700). Am Eingang zur Nordkapelle ist eine Kreuzigungsgruppe (16. Jh.) zu sehen.

■ www.nikolai-spandau.de, Mo–Fr 12–16, Sa 11–16, So 14–16 Uhr, Turmführungen: April–Okt. Sa 12.30 Uhr

### Zitadelle Spandau

| Festung |

Die Festung (1560–94) mit vier Bastionen, begehbaren Wällen und Brücke erhebt sich majestätisch in strategisch günstiger Lage, ringsum von Wasser umgeben – sie wurde bereits 1197 erstmals erwähnt und vermutlich um 1160 unter Markgraf Albrecht dem Bären als Burg angelegt. Die 1560 unter Kurfürst Joachim II. als Renaissancefestung ausgebaute Zitadelle diente nicht nur als militärischer Stützpunkt, auch als Gefängnis (bis 1876) und als eine Art Tresor: Im Verlies des Juliusturms (13. Jh.) ließ Reichskanzler Otto von Bismarck 1874 einen Großteil der 120 Mio. Goldmark einlagern, die Frankreich als Entschädigung für den Krieg von 1870/71 gezahlt hatte. Ab 1935 entwickelten die Nazis hier chemische Kampfstoffe und kippten die Reste bei Kriegsende 1945 einfach in den Brunnen des Hofes.

■ Am Juliusturm, www.zitadelle-berlin.de, tgl. 10–17 Uhr, 4,50 €, erm. 2,50 €, U7 Zitadelle, Bus X33

## Restaurants

**€ | Alt-Spandau** Kroatische und internationale Gerichte, üppige Portionen,

## ADAC Mittendrin

Der stimmungsvolle **Weihnachtsmarkt** in der Spandauer Altstadt ist einer der größten und beliebtesten in Berlin, da reisen die Berliner sogar aus dem Südosten der Stadt an: 250 bis 400 Stände mit Kunsthandwerk, kulinarischen Leckereien und Glühwein, ein Mittelaltermarkt, ein weihnachtliches Bühnenprogramm und eine Weihnachtskrippe mit echten Tieren warten auf Besucher.
*I. d. R. 27. Nov.–23. Dez. So–Do 11–20, Fr, Sa 11–22 Uhr*

*In der Spandauer Altstadt ist der Hauptstadttrubel plötzlich ganz weit weg*

und viele Stammgäste. ■ Moritzstr. 7, Tel. 030/33 30 80 92, www.altspandau.de, Di–So 11.30–ca. 22.30 Uhr

€–€€ | **Satt & Selig** Spezialität der »Steakeria« in historischem Fachwerkbau: saftige argentinische Steaks vom Lavasteingrill oder ein »Luxus-Frühstück« à la carte. ■ Carl-Schurz-Str. 47, Tel. 030/36 75 38 77, www.sattundselig.de, tgl. 9–ca. 24 Uhr

### Events

**Citadel Music Festival** Zwischen Mai und September genießen die Besucher der Konzerte im weiten Hof der Zitadelle in toller Kulisse die Super-Stimmung. Es treten viele Altstars der 1970er- und 1980er-Jahre auf, sogar Weltstars, etwa The Beach Boys und Lionel Richie (www.zitadelle-berlin.de).

### Erlebnisse

An der Charlottenbrücke kann man vom Schiffsanleger aus auf eine gemütliche **Havelfahrt** gehen (u.a. bis zum Wannsee, z.B. mit der Stern- und Kreisschifffahrt, www.sternundkreis.de, www.reederei-riedel.de).

## 55 Brücke-Museum

*Eine erlesene Kollektion expressionistischer Meisterwerke*

■ U3 Oskar-Helene-Heim, dann Bus 115 Pücklerstraße

■ Bussardsteig 9, www.bruecke-museum.de, Mi–Mo 11–17 Uhr, 8 €, erm. 5 €

In dem bungalowähnlichen Flachbau in Zehlendorf – 1967 eröffnet von der expressionistischen Künstlergemeinschaft Brücke – sind über 400 Gemälde, Zeichnungen, Aquarelle und Druckgrafiken der Brücke-Künstler zu sehen. Die ausdrucksstarken Werke von Karl Schmidt-Rottluff, Erich Heckel, Ernst Ludwig Kirchner, Otto Mueller, Emil Nolde und Max Pechstein werden in Wechselausstellungen präsentiert.

# 56 Freilichtmuseum Domäne Dahlem

22 *So lebten und arbeiteten die Menschen im Barock auf dem Land*

■ U3 Dahlem Dorf
■ Königin-Luise-Str. 49, www.domaene-dahlem.de, Gelände: tgl. 7–22 Uhr,
■ Ökomarkt: Sa 8–13 Uhr, Museen Herrenhaus: Mi–So 10–17, Culinarium: Mi–Fr 14–17, Sa, So 10–17 Uhr, Gelände: Eintritt frei, aber Spende erwünscht, beide Museen: 5 €, erm. 3 €, Marktfeste (mit Ausnahme Mittelaltermarkt): ab ca. 3 €, erm. 1,50 €

Auf dem Biohof ist immer was los: Im barocken Flair eines historischen Gutshauses (1680) finden heute in regelmäßigen Abständen Konzerte und Lesungen statt, hier tummeln sich viele Tiere zum Füttern und Streicheln, und man schaut Handwerkern über die Schulter. Es gibt einen Blumengarten und Gemüsefelder, Pferdestall und Karussell. Das Museum informiert über die Historie der Domäne und über ökologische Landwirtschaft und Ernährung mit der preisgekrönten Erlebnisausstellung »Vom Acker bis zum Teller« im Culinarium. Doch von wegen altmodisch: Im historischen Kaufmannsladen berät eine virtuelle Angestellte per Licht-Projektion. Auch der samstägliche Ökomarkt, Bio-Laden, die Kinderaktionen und Marktfeste lohnen hier einen Besuch.

### Restaurants

**€–€€ | Landgasthaus** In dem zur Domäne gehörenden neuen Lokal mit großem Garten ist alles 100 % Bio. Das hausgemachte Schnitzel (jeden Di) kommt vom Neuland-Schwein, und auch der Burger (Mi), die selbstgezüchteten Sperber-Hähnchen haben allerdings ihren Preis (€€€), die Kuchenrezepte stammen aus Omis Backbuch. ■ Tel. 0157/77 59 88 49, www.landgasthausdahlem.eatbu.com, Mo–Do 12–17, Fr 12–21, Sa, So 10–20 Uhr

*Artenvielfalt und Blütenpracht im Botanischen Garten sind überwältigend*

### Kinder

Der Biohof bietet ein umfangreiches Programm mit: Kinderwerkstätten, Ferientöpferkursen, Märchenstunden, einer Lehr- und Erlebnisküche u.v.a. spannenden Mitmachaktionen.

## 57 Museum Europäischer Kulturen

*Ein Ausflug in die Alltagskultur mit rund 270 000 Objekten*

■ U3 Dahlem Dorf, Bus M11, X83, 101
■ Arnimallee 25, www.smb.museum, Di–Fr 10–17, Sa, So 11–18 Uhr, 8 €, erm. 4 €, bis 18 J. freier Eintritt

Das Museum Europäischer Kulturen (MEK) beherbergt Exponate zur Alltagskultur des 18.–21. Jh., darunter Schmuck und Votivbilder, Textilien und Keramik, Haushaltsgeräte, Kinderspielzeug und sogar verschiedene Verkehrsmittel. Die vielfältigen Themen reichen von Hochzeit und Totengedenken über Halloween bis hin zur »Döner-Industrie«. Außerdem finden hier länderspezifische Kulturtage, der beliebte europäische Oster- oder Adventsmarkt mit Livemusik statt.

### Cafés

**Restaurant eßkultur** Im Souterrain des Museums genießt man hausgemachten Kuchen und multikulturelle Bio-Snacks wie Quiche und Suppen. Meist zweimal im Monat gibt es Sa und So 11 Uhr ein Märchenfrühstück (22 €, Kinder 15 €) im Beduinenzeltambiente. ■ Takustr. 38/40, Tel. 030/8301433, Mo–Fr 10–16, So 11–16 Uhr, www.esskultur-berlin.de

## 58 Botanischer Garten

*Einer der größten Botanischen Gärten der Welt ist Heimat von 22 000 Arten*

■ S7 Botanischer Garten, U3 Dahlem-Dorf, Breitenbachplatz, Rathaus Steglitz, dann Bus M48, X83, 101
■ Eingänge: Königin-Luise-Platz und Unter den Eichen 5–10, Botanisches Museum: Königin-Luise-Str. 6–8 (Museum bis voraus. Ende 2022 wegen Sanierung geschl.), www.bgbm.org, tgl. 9–20, Gewächshäuser bis 19 Uhr, 6 €, erm. 3 €

Der Botanische Garten Berlin ist mit 43 ha der größte in Europa und der drittgrößte der Welt! Angelegt bereits vor mehr als 100 Jahren, gedeihen hier heute etwa 22 000 Pflanzenarten, darunter viele Nutz- und Arzneipflanzen. Gleich beim Eingang Unter den Eichen findet man das Arboretum (Baumgarten) mit etwa 1800 Baum- und Straucharten zwischen Wiesen und Teichen. Vegetationszonen aus allen Teilen der Welt sind hier versammelt, vom Italienischen Garten über Steingärten à la Himalaya und Japanischen Wald bis zur Nordwestdeutschen Heide. Beim Rundgang streifen die Besucher im wahrsten Wortsinn durch den Duft- und Tastgarten oder erkunden den Sumpf- und Wassergarten. Zu den absoluten Publikumslieblingen zählen die 16 Schaugewächshäuser mit ihren prachtvollen Exoten aus tropischen bzw. subtropischen Breitengraden, wie Kakteen, Bromelien und Orchideen sowie tierfressende Pflanzen.

Seltene und gefährdete Pflanzenexemplare kann man im Großen Tropenhaus (1905–07) bewundern, einem der größten freitragenden

Gewächshäuser der Welt mit 1360 Pflanzenarten, Palmen, Lianen und dem eindrucksvollen 26 m hohen Riesenbambus. Als zweiter architektonischer Hingucker beeindruckt zur Rechten das dreischiffige Mittelmeerhaus mit zwei Portaltürmen.

### Cafés

23 **Café in der Königlichen Gartenakademie** Speisen im alten Gewächshaus oder auf der Wiese einer Gärtnerei, von Frühstück über Brunch (So 10–14 Uhr, €€–€€€, unbedingt reservieren) bis zum Tortenbüfett. Läden mit schönem Deko-Zubehör und Pflanzen gibt es auch. ■ Altensteinstr. 15 a, Tel. 030/832 20 90 29, www.dascafeindergartenakademie.de, April–Sept. Di–Sa 10–18.30, So bis 16, Okt.–März 10–17.30, So bis 16 Uhr

## 59 Grunewald

*Der Ortsteil im Westen Berlins trägt den gleichen Namen wie der Forst*

■ S7 Grunewald, S5 Heerstraße (beides ca. 20 Min. Fußweg), Bus 218, X 34, X 49, M49 S Bhf. Heerstraße
■ Jagdschloss: Bus X83, 115 Clayallee (20 Min. Fußweg)

Nicht allen Bewohner aus Rixdorf oder Wedding gefiel es, wenn in ihrem Erholungsgebiet für die sogenannte Millionärskolonie seit Ende des 19. Jh. die Bäume gefällt wurden. In dem stadtnahen Forst zwischen der Havel und den vielen Seen – Grunewaldsee, Hundekehlesee, Dianasee, Königssee, Hertha-See und Hubertussee bis hoch zum Halensee mitten in der City West – erstreckt sich heute das noble Villenviertel Charlottenburg-Wilmersdorf. Hier wohnten und wohnen zahllose Prominente, Politiker, Intellektuelle und Schauspieler, Verleger und Theaterleute, von Max Reinhardt und Johannes Heesters über Romy Schneider bis Hildegard Knef und Joschka Fischer. Dennoch locken hier heute noch Badestellen und idyllische Ausflugslokale. Auf Wanderwegen in ausgedehnten Wäldern kann man Frischluft schnappen.

### Sehenswert

**Teufelsberg**
| Aussichtspunkt |
Im Norden des Grunewalds erhebt sich der 120 m hohe Teufelsberg mit der ehemaligen US-Abhörstation aus der Zeit des Kalten Krieges. Dem zweithöchsten Berg Berlins sieht man heute nicht mehr an, dass er aus 25 Mio. $m^3$ Trümmerschutt besteht. Zur kalten Jahreszeit tummeln sich hier Rodler oder Skifahrer, sonst hier lässt man Drachen steigen, und Mountainbikes düsen abwärts. Spaziergänger genießen vor allem den weiten Panoramablick über das Grün des Grunewalds bis hin zur Havel. Am Fuß des Berges liegt der Teufelssee, den im Sommer Fans der Freikörperkultur gern zum Baden und Sonnen nutzen.

**Jagdschloss Grunewald**
| Schloss |
Das idyllische Kleinod am Südostufer des Grunewaldsees ist einer der ältesten Schlossbauten Berlins: 1542 errichtet, gehörte es im späteren 16. Jh. Kurfürst Joachim II. von Brandenburg. Aus dem Namen »Zum grünen Wald« wurde später Grunewald. Der schlichte Renaissancebau wurde zu Beginn des 18. Jh. in barockem Stil umgestaltet. Im

*Verfallende Abhöranlage auf dem Teufelsberg, Relikt des Kalten Krieges*

Innern beherbergt das Schloss eine Gemäldesammlung mit hochkarätigen Werken deutscher und niederländischer Meister des 15.–19. Jh., darunter Bilder der Cranachschule (etwa die »Quellnymphe« und »Judith mit dem Haupt des Holofernes« von Lucas Cranach d. Ä.). Im Obergeschoss hingegen zeigt die Herrschergalerie Kurfürsten und Könige der Hohenzollern vom 16.–19. Jh. im Porträt.

■ Hüttenweg 100, www.spsg.de, April–Okt. Di–So 10–17.30, Nov./Dez. und März Sa, So, Fei 10–16 Uhr, im Jan./Feb. geschl., 6 €, erm. 5 €

### Restaurants

€€ | **Chalet Suisse** Landhaus mitten im Wald mit Biergarten (€, im Winter Lagerfeuer), drinnen gehobene Küche mit Schweizer Einschlag, im Winter Raclette und Käsefondue, im Herbst Wild und Fisch aus der Gegend. ■ Clayallee 99, Tel. 030/832 63 62, www.chalet-suisse.de, tgl. ab 12 Uhr

## 60 Großer Wannsee

*Der Schlager aus den 1950ern fordert zu Recht: Pack' die Badehose ein!*

■ S7 Nikolassee, Wannsee

Manch einer, der sich in sommerlicher Hitze mit dem Auto, Fahrrad oder der S-Bahn auf den Weg zum Wannsee macht, trällert den 1950er-Jahre-Hit »Pack' die Badehose ein ...« vor sich hin. Das 1907 erstmals eröffnete Strandbad Wannsee ist immer noch das beliebteste Freibad Berlins mit Terrassen und einem 1,3 km langen und 80 m breiten Sandstrand – eine der größten Badeanstalten an einem Binnensee in Europa. Auf der Nordseite erstreckt sich die 25 ha große Halbinsel Schwanenwerder, auf der Ende des 19. Jh. ein Villenviertel entstand, wo beispielsweise Nazi-Größen wie Joseph Goebbels, später US-Militärgouverneur Dwight D. Eisenhower und der Verleger Axel Springer wohnten.

### Sehenswert

**Liebermann-Villa**

| Museum |

Die Liebermann-Villa ist Leben und Werk des großen Impressionisten Max Liebermann (1847–1935) gewidmet. Dessen Spätwerk entstand hier rund um sein »Schloss am See«. Wiederkehrendes Motiv ist der vom Meister selbst gestaltete riesige und wunderschöne Garten direkt am See.

■ Colomierstr. 3, www.liebermann-villa.de, April–Sept. Mi–Mo 10–18, Do, So, Fei bis 19, Okt.–März Mi–Mo 11–17 Uhr, 8 €, erm. 5 €

**Haus der Wannseekonferenz**

| Gedenkstätte |

Am 20. Januar 1942 lud SS-Obergruppenführer Heydrich Nazi-Größen sowie Vertreter der NSDAP und Reichsministerien zur Wannseekonferenz. Bei diesem Treffen besprachen die 15 Anwesenden ein »effektiveres« Vorgehen durch Kooperation bei der Vernichtung von Millionen Juden in Europa: die »Endlösung der Judenfrage«. Zum 50. Jahrestag richtete man 1992 hier die Gedenkstätte »Haus der Wannseekonferenz« und ein Mahnmal gegen Rassismus mit einer Dauerausstellung ein.

■ Am Großen Wannsee 56–58, www.ghwk.de, tgl. 10–18 Uhr, Eintritt frei

**Kladow**

| Stadtteil |

Der südlichste Teil von Spandau liegt malerisch an der Havel und besticht mit seinem dörflichen Charme. Nach ca. 4 km Fahrt mit der Wannsee-Fähre im Hafen Kladow angekommen, kann man an der Promenade mit Spielplatz, Badestelle und Lokalen gut verweilen oder beispielsweise im August beim alljährlichen Jazz-Fest mit den Berlinern tanzen.

### Verkehrsmittel

Die **Wannsee-Fähre** fährt 20 Minuten von der großen Dampferablegestelle am Wannsee vorbei an der Insel Schwanenwerder zum ländlichen Alt-Kladow im Bezirk Spandau für den Preis eines BVG-Tickets. ■ www.sternundkreis.de, stündlich Mai–Aug. Mo–Fr 6–21, Sa 7–21, So 9–21, April, Sept., Okt. bis 20, Nov.–März Mo–Sa bis 19, So 10–17 Uhr

### Cafés

24 **Mutter Fourage** Einladendes Café: Frühstück, leckere Torten oder ein leichtes Mittagessen, alles aus ökologischem Anbau raffiniert zubereitet. Im Laden gibt es allerlei Leckereien und Kleinigkeiten. ■ Chausseestr. 15 a, Tel. 030/80 58 32 83, www.mutter-fourage.de, Mai–Sept. tgl. 9–19, Okt.–April 10–18 Uhr

## 61 Pfaueninsel

*Das Meisterwerk deutscher Gartenbaukunst ist ein beliebtes Ausflugsziel*

■ S7 Wannsee, dann Bus 218

■ Nikolskoer Weg, www.spsg.de, Insel/Fähre: April, Sept. tgl. 9–19, Mai–Aug. tgl. 9–20, März, Okt. tgl. 9–18, Nov.–Feb. tgl. 10–16 Uhr, 4 €, erm. 3 €

■ Schloss wegen Sanierung bis auf Weiteres geschlossen; Meierei: April–Okt. Sa, So, Fei 10–17.30 Uhr, 3 €, erm. 2 €

Die idyllische Pfaueninsel ist nur für Fußgänger mit einer Minifähre zu erreichen: Das Eiland wird auch »Perle im Havelmeer« genannt – gilt es doch als

Musterbeispiel eines »Sentimentalen Landschaftsgartens« im Sinne der Romantik, erweitert mit klassizistischer Architektur und künstlichen Ruinen. Im 19. Jh. strömten die Berliner in Massen auf die nur 1,5 km lange und 500 m breite Havelinsel, um Tiere wie Löwen und Kängurus zu bestaunen. Die Insel mit den bis zu 600 Jahre alten Baumriesen und der artenreichen Vogelwelt ist Teil der UNESCO-Welterbestätte »Schlösser und Parks von Potsdam und Berlin«. Stars sind die frei herumstolzierenden Pfauen und seit 2018 hier grasende Wasserbüffel. Man spaziert vorbei an Rosengarten, Gebirgsbach und Fontäne sowie traditionell bewirtschafteten Feldern. Ein Blickfang ist das weiße Ruinenschlösschen mit den beiden durch eine Brücke verbundenen Türmen: 1794–97 ließ König Friedrich Wilhelm II. hier ein Liebesnest für sich und seine Geliebte Wilhelmine Encke bauen, doch der Monarch starb vor der Fertigstellung. Später diente es seinem Sohn Friedrich Wilhelm III. und dessen Gemahlin, Königin Luise, an die der Luisentempel (1829) von Schinkel erinnert, als Sommerresidenz. Die nahe Meierei wurde 1795 als neogotische Klosterruine mit eindrucksvollem Saal im Obergeschoss errichtet.

### P Parken

Am Nikolskoer Weg vor der Fährstelle müssen die Autos und Räder geparkt werden, auch Hunde dürfen nicht mit, und Rauchen ist verboten!

### Restaurants

€€ | **Blockhaus Nikolskoe** Mit herrlichem Blick auf Schwanenwerder sitzt man bei gut-berlinerischer Küche auf der Veranda in dem historischen Holzhaus, das Friedrich Wilhelm III. 1819 für seine Tochter Charlotte und ihren Mann, den späteren Zaren Nikolaus I., hatte errichten lassen. ■ Nikolskoer Weg 15, Tel. 030/8052914, www.blockhaus-nikolskoe.de, tgl. 12–ca. 20 Uhr

*Romantisches Lustschlösschen in Ruinenoptik auf der Pfaueninsel*

# 62 Schloss und Park Sanssouci

*Unterwegs auf den Spuren Friedrich des Großen*

*Sechs Weinbergterrassen bilden den gestalterischen Mittelpunkt des Parks*

**Information**

- S7 Potsdam Hbf., dann Bus 695, X15
- Potsdam Tourismus Service, Tel. 0331/27558899, www.potsdamtourismus.de; Informationsbüros: im Hbf. Potsdam (Mo–Sa 9.30–18 Uhr), Luisenplatz 3, Alter Markt (Humboldtstr. 1/2)
- Sanssouci-Eingänge: Am Grünen Gitter 1 (Haupteingang, am Ende der Allee nach Sanssouci), und Zur Historischen Mühle/Maulbeerallee, Schopenhauerstr., Am Neuen Palais, Geschwister-Scholl-Straße
- Besucherzentren: Zur Historischen Mühle/Maulbeerallee 5 (in der Historischen Mühle), Tel. 0331/9694200, www.spsg.de, April–Okt. Di–So 8.30–17.30, Nov.–März Di–So 8.30–16.30 Uhr; Neues Palais April–Okt. Mi–So 9–17.30, Nov.–März Mi–Mo 10–16 Uhr
- Begrenzte Eintrittskarten an der Kasse, lange Schlangen möglich, frühzeitiger Ticketkauf im Online-Ticketshop mit Zeitfenster wird empfohlen, zzgl. 2 € Gebühr
- Parken siehe S. 124

10 *Die berühmteste deutsche Schlossanlage mit Gemäldegalerie*

Schloss Sanssouci ist das bedeutendste unter all den Schlössern und Parks von Potsdam und Berlin, die 1990 von der UNESCO als Ensemble in die Liste des Weltkulturerbes aufgenommen wur-

Plan
S. 123

den. Friedrich der Große (1712–86) hatte die Anlage mit eigenen ersten Skizzen als private Sommerresidenz vor den Toren der Stadt geplant. Fernab vom höfischen Zeremoniell und ohne Regierungsgeschäfte wollte Friedrich II. hier im Sommer »sans souci« (ohne Sorge) leben. 1744 ließ er zunächst sechs Weinbergterrassen in der Nähe des bestehenden königlichen Küchengartens anlegen. Heute beeindruckt der 300 ha große Komplex mit seiner Mischung aus Rokoko-, Barock- und Renaissancebauten und den mediterran oder exotisch-fernöstlich inspirierten Gebäuden in einer weitläufigen Parklandschaft.

## Sehenswert

### a Schloss Sanssouci

| Schloss |

Das Rokokoschloss konnte 1747 nach Plänen des Hofarchitekten Knobelsdorff vollendet und von Ludwig Persius 1840–42 erweitert werden. Die eingeschossige Flügelanlage mit dem überkuppelten Mittelbau thront am Ende einer Freitreppe auf dem Weinberg. Die Fassade bevölkern heitere Skulpturen mit »tragender« Bedeutung: weibliche Karyatiden, muskulöse Atlanten und engelsgleiche Putten.

In den zwölf Sälen des Schlosses sind Möbel, Porzellan, Skulpturen und Gemälde zu sehen, überwiegend aus dem 18. Jh., darunter Werke von Antoine Watteau. Der ovale Marmorsaal im Mittelbau bezaubert mit Doppelsäulen, vergoldeter Kuppel und Nischenfiguren wie Venus und Apoll. Im Ostflügel sticht das Konzertzimmer hervor, dessen Wände mit Ornamenten, Spiegeln und Gemälden dekoriert sind. In der Bibliothek aus Zedernholz las Friedrich Schriften des Philosophen Voltaire (1694–1778), den er ab 1750 für drei Jahre auch beherbergte.

Am Rand der östlichen Schlossterrasse liegt Friedrichs schlichtes Grab: Erst zu seinem 205. Todestag überführte man 1991 seine Gebeine hierher.

■ April–Okt. Di–So 10–17.30, Nov.–März Di–So 10–16.30 Uhr, Einzelpreis: 12 €, erm. 8 €, Fotos: 3 € (Schlossküche Einzelpreis: 4 €, erm. 3 €); das Ticket »sanssouci+« für 19 €, erm. 14 € ist gültig für alle Potsdamer Schlösser an einem Tag, außer Schloss Sacrow und Jadschloss Stern

### b Park Sanssouci und Große Fontäne

| Park |

Zu Friedrichs Lebzeiten wurde die Schlossanlage durch weitere Bauten ergänzt und der Park Sanssouci ab 1745 als Zier- und Nutzgarten angelegt. Heute kann man hier über 16 km Parkwege schlendern. Vor den Weinbergterrassen entstand auf der Hauptallee ein Wasserbecken mit der Großen Fontäne, umringt von allegorischen Figuren und antiken Göttern in Marmor. Zu Friedrichs Zeiten scheiterten alle Bemühungen, die Fontäne in Gang zu setzen.

■ tgl. 8 Uhr bis Sonnenuntergang, freiwilliger Parkeintritt 2 €, die Wege wegen akuter Astbruchgefahr nicht verlassen

### c Bildergalerie

| Gemäldesammlung |

Da das Schloss für eine angemessene Präsentation seiner Gemäldesammlung nicht ausreichte, ließ Friedrich 1755–64 etwas weiter östlich die Bildergalerie bauen. In kostbar dekorierten Sälen aus Gold und Marmor werden Werke der größten Meister Europas gezeigt, bspw. Caravaggio, Rubens, van Dyck und Tintoretto.

■ nur Mai–Okt. Di–So 10–17.30 Uhr, Einzelpreis: 6 €, erm. 5 €

### d Neue Kammern

| Architektur |

Als Gegenstück zur Bildergalerie schuf Knobelsdorff 1747 die Alte Orangerie etwas westlich vom Schloss. Georg Christian Unger baute sie 1771–74 auf Friedrichs Wunsch zum Gästehaus Neue Kammern um. Die Glanzlichter im Reigen all ihrer Festgemächer mit Rokokodekor sind der reich mit Edelsteinen geschmückte Jaspissaal und die Ovidgalerie, in der Reliefs die Szenen aus den »Metamorphosen« des namensgebenden römischen Dichters illustrieren.

■ nur April–Okt. Di–So 10–17.30 Uhr, Einzelpreis: 6 €, erm. 5 €

### e Historische Mühle

| Windmühle |

Hinter den Kammern und der Maulbeerallee wurde die Historische Mühle 1787–91 nach holländischem Vorbild errichtet und nach dem Zweiten Weltkrieg rekonstruiert. Sie bietet neben herrlicher Aussicht eine Ausstellung über Funktion und Technik historischer Mühlen samt Laden und die Gelegenheit, selbst Getreide zu mahlen oder frisch gemahlen zu kaufen.

■ Maulbeerallee 5 (Zur Historischen Mühle), April–Okt. tgl. 10–18, Nov. und Jan.–März nur Sa, So 10–16 Uhr, Einzelpreis: 4 €, erm. 2–3 €

### f Orangerieschloss

| Schloss |

Im Westen von Park Sanssouci liegt die luftige Orangerie (1851–64) mit ihren beiden quadratischen Türmchen. Geschaffen hat sie Persius im Auftrag Friedrich Wilhelms IV. (1795–1861), des Initiators der zweiten großen Bauperiode in Sanssouci. Die Dreiflügelanlage mit ihren noch heute genutzten Pflanzenhallen ist italienischen Renaissancevillen nachempfunden. Im Raffaelsaal des Schlosses sind 50 Kopien von Gemälden des namensgebenden Malergenies versammelt, darunter so berühmte wie die »Sixtinische Madonna«. Prunkvoll ist auch das goldene Dekor des Malachitzimmers. Vom westlichen Turm aus öffnen sich formidable Blicke über die Potsdamer Parklandschaft.

■ An der Orangerie 3–5, April Sa, So, Fei 10–17.30, Mai–Okt. Di–So 10–17.30 Uhr, 6 €, erm. 5 €, Turm 3 €, erm. 2 €

### g Belvedere auf dem Klausberg

| Aussichtspunkt |

Eine Allee führt nach Westen auf den Klausberg. Dort steht das 1769 erbaute Belvedere: Der Rundbau entzückt mit Säulenumgängen und stuckierten Gemächern. Ihm zu Füßen steht das fernöstlich inspirierte Drachenhaus (1770) von Carl von Gontard. 16 Skulpturen zieren das einstige Winzerhäuschen.

■ An der Orangerie 1, Belvedere nur für Sonderveranstaltungen geöffnet, Klausberg wg. Astbruchgefahr derzeit gesperrt

### h Neues Palais

| Schloss |

Nach Ende des Siebenjährigen Krieges entstand im äußersten Westen des weitläufigen Parks das Neue Palais (1763–69). Das Barockschloss wird von einer 55 m hohen Tambourkuppel bekrönt, 440 Skulpturen schmücken den Außenbau. Das Palais birgt 200 Säle und Galerien, darunter den kostbaren Marmorsaal und den vor lauter Mineralien, Erzen und Edelsteinen funkelnden Grottensaal sowie die Königswohnung (diese und das Schlosstheater sind derzeit wg. Renovierung geschl.).

■ April–Okt. Mi–Mo 10–17.30, Nov.–März Mi–Mo 10–16.30 Uhr, 8 €, erm. 6 €

### i Chinesisches Haus

| Pavillon |

Das Chinesische Haus im Süden von Park Sanssouci wurde 1754 von Johann Gottfried Büring im Stil der damaligen Chinamode errichtet – ein Rokokopavillon umgeben von vergoldeten Figuren. Auf der Spitze des Rundbaus thront eine vergoldete Figur mit Sonnenschirm, innen begeistern Meissener und ostasiatisches Porzellan.

■ nur über Ostern und Mai–Okt. Di–So 10–17.30 Uhr, 4 €, erm. 3 €

Plan S. 123

### j Römische Bäder

| Architektur |

Im Stil römischer Villen konzipierte Ludwig Persius die Römischen Bäder (1829–40). Das Dekor orientiert sich an pompejischen Wandmalereien und Kopien berühmter Skulpturen des Altertums. Im Garten stehen römische Tempelchen mit Säulen-Portikus.

■ nur Mai–Okt. Di–So 10–17.30 Uhr, Einzelpreis: 5 €, erm. 4 €

### k Schloss Charlottenhof

| Schloss |

In den als Landschaftsgarten gestalteten Park Charlottenhof gliedert sich das klassizistische Schloss Charlottenhof harmonisch ein (1826–29, Schinkel und Persius). Die am südwestlichen Ende der Gärten etwas versteckte Anlage ist samt Interieur fast vollständig im Original erhalten. Ungewöhnlich ist das blau-weiß gestreifte Zeltzimmer.

■ Geschwister-Scholl-Str. 34 a, nur Mai–Okt. Di–So 10–17.30 Uhr, 8 €, erm. 6 €

### l Friedenskirche

| Kirche |

Am Ostrand des Parks erhebt sich die Friedenskirche (1845–54, Ludwig Persius, Friedrich August Stüler). Mit ihrem markanten Campanile und dem Mosaik aus dem 12. Jh. im Chor erinnert sie an die frühchristlichen Kirchen in Rom.

■ Am Grünen Gitter 3, Öffnungszeiten siehe www.spsg.de, Eintritt frei

### m Dampfmaschinenhaus

| Bauwerk |

An der Neustädter Havelbucht wurde 1841–43 das Dampfmaschinenhaus, darin das Pumpwerk für die Große Fontäne, in Gestalt einer Moschee gebaut.

■ Breite Str. 28, geöffnet nur bei Sonderveranstaltungen

### P Parken

An der Historischen Mühle und am Neuen Palais (gebührenpflichtig).

### Restaurants

**€–€€ | Drachenhaus** Saisonale Küche und angemessene Preise, idyllisch draußen oder elegant drinnen. ■ Maulbeerallee 4, Tel. 0331/5053808, www.drachenhaus.de, April–Okt. tgl. 11–19, Nov.–März Di–So 12–18 Uhr, Jan., Feb. nur Sa, So 12–18 Uhr, Plan S. 123 a1

**€€ | Garage du Pont** Vorwiegend französisch-deutsche Küche, gute Weinauswahl. Abends reservieren. ■ Berliner Str. 88, Tel. 0331/87093272, www.garagedupont.de, tgl. 12–23 Uhr

## 63 Filmpark Babelsberg

25 *Ausflug in die Traditionsstätte des deutschen Films*

■ S7 Babelsberg, dann Bus 601, 690 (Filmpark)

■ August-Bebel-Str. 26–53, Eingang Großbeerenstr. 200, www.filmpark-babelsberg.de, wechselnde Öffnungszeiten und Schließtage s. Website, 22 €, erm. 15–18 €, online 20 €, erm. 13 € (inkl. aller Shows)

Die Filmstudios und -ateliers wurden 1912 gegründet und waren bis 1939 die größte Filmstadt Europas. Heute gehören sie zur Medienstadt Babelsberg, wo auch internationale Kinofilme gedreht werden Bei einer Studiotour locken Attraktionen wie 4D-Actionkino, Sandmann-Haus, Metropolis-Halle, Filmtier- und Stuntshow, außerdem Horrornächte und Mitmach-Shows. Hier kann man locker fünf, sechs Stunden verbringen.

## ADAC Service Berlin

Beim **ADAC Infoservice**, in den **ADAC Geschäftsstellen** sowie auf dem **Internetportal des ADAC** (adac.de) erhalten Sie Informationen zu den Dienstleistungen des Automobilclubs und zu Ihrem Reiseziel. Als **ADAC Mitglied** können Sie zudem die kostenlosen **ADAC Toursets® Berlin** und **Berlin family** mit vielen Reiseinfos und Karten anfordern oder die **Tourset App** auf dem **Smartphone** oder **Tablet-PC** installieren (adac.de/toursetapp).
Rufen Sie bei Pannen und Notfällen die **ADAC Pannenhilfe** bzw. den **ADAC Ambulanzdienst** an. Unser Team steht Ihnen rund um die Uhr zur Verfügung.

### ADAC Infoservice

T 0800 510 11 12
Infos zu allen ADAC Leistungen
(Mo–Sa 8–20 Uhr, gebührenfrei)

### ADAC Ambulanzdienst

T 089 76 76 76
(Erkrankung, Unfall, Verletzung, Transportfragen, Todesfall)

### ADAC Pannenhilfe Deutschland

T 089 20 20 4000, Mobil 22 22 22
(Verbindungskosten je nach Netzbetreiber/Provider)

### ADAC Pannenhilfe Ausland

T +49 89 22 22 22
(Verbindungskosten je nach Netzbetreiber/Provider)

### Internet-Serviceangebote des ADAC für Ihre Reiseplanung

| Service | Webadresse |
|---|---|
| Aktuelle Verkehrslage | adac.de/verkehr |
| ADAC Routenplaner | adac.de/maps |
| Infos zu Tankstellen und Spritpreisen | adac.de/tanken |
| Infos zu mautpflichtigen Strecken | adac.de/maut |
| Infos zu Fährverbindungen | adac.de/faehren |
| ADAC Tourmail (Aktuelle Infos vor Anreise) | adac.de/tourmail |
| Informationen für Camper | adac.de/camping |
| Informationen für Motorradfahrer | adac.de/motorrad |
| Informationen für Segler und Skipper | adac.de/sportschifffahrt |
| ADAC Reiseangebote | adacreisen.de |
| ADAC Autovermietung | adac.de/autovermietung |
| ADAC Mitfahrclub (offen für alle) | adac.de/mitfahrclub |
| ADAC Versicherungen für den Urlaub | adac.de/versicherungen |
| Weltweite Preisvorteile für ADAC Mitglieder | adac.de/vorteile-international |

Diese **Produkte des ADAC** könnten Sie interessieren: **ADAC Reiseführer Brandenburg**, **ADAC Reiseführer Hamburg** und **ADAC Campingführer Deutschland und Nordeuropa** – erhältlich im Buchhandel, bei den ADAC Geschäftsstellen und in unserem ADAC Online-Shop (adac.de/shop).

## Anreise

### Auto

Nach Berlin gelangt man von Westen über die **A 2**, von Süden aus Richtung Hof über die **A 9** oder aus Richtung Dresden über die **A 13**, von Osten aus Richtung Frankfurt/Oder über die **A 12,** von Norden aus Richtung Szczecin (Stettin) über die **A 11**, aus Richtung Hamburg über die **A 24**.

Die Berliner Innenstadt ist innerhalb des S-Bahn-Rings **Umweltzone**, also nur für Autos mit einer zugelassenen Schadstoffgruppen-Plakette befahrbar.

### Bahn

**Fernbahnhöfe** sind Hauptbahnhof, Spandau, Ostbahnhof, Südkreuz und Gesundbrunnen. Potsdamer Platz, Lichtenberg, Wannsee und Zoo sind nur noch **Regionalbahnhöfe**.

**Fahrplanauskunft:**

**Deutsche Bahn**, Tel. 01 806/99 66 33 (dt. Festnetz 20 ct/Anruf, dt. Mobilfunknetz max. 60 ct/Anruf), Tel. 0 800/150 70 90 (gebührenfrei, automatische Fahrplanansage), www.bahn.de

**Österreichische Bundesbahnen**, Tel. 05/17 17 (österreichweit), +43/5/17 17 (aus dem Ausland), www.oebb.at

**Schweizerische Bundesbahnen**, Tel. 08 48/44 66 88 (CHF 0,08/Min. aus dem Schweizer Festnetz), www.sbb.ch

### Bus

**Zentraler Omnibusbahnhof** (ZOB) am Funkturm, Messedamm 8 und Masurenallee 4–6 (Charlottenburg), Tel. 030/30 10 01 75, www.zob.berlin

Anschluss in die Innenstadt mit U2 ab Kaiserdamm, mit S41, S42, S45, S46, ab Messe Nord/ICC oder mit Bus M49, X34, X49, 104, 139, 218, 349, N2, N42

Günstig reist man per Fernbus zwischen vielen Städten in Deutschland, Österreich und der Schweiz. Portale wie www.checkmybus.de und www.busliniensuche.de vergleichen alle Anbieter.

### Flugzeug

Mit der Eröffnung des im Bau befindlichen Flughafens Berlin Brandenburg BER wird nicht vor Herbst 2020 gerechnet. Die Flughäfen Tegel und Schönefeld sollten stillgelegt werden, jedoch ist dies spätestens seit 2017 fraglich.

**Flugauskunft**, Tel. 030/609 16 09 10, www.berlin-airport.de

**Tegel**: Bus TXL, X9, 109, 128

**Schönefeld**: S45, S9, Bus X7, 163, 164, 171, 734, 735, 736, 738, 741, 742, N7, N60. Der Airport-Express RE7/RB14 verkehrt tgl. 4–23 Uhr halbstündl. zum Hauptbahnhof., als RB22 stündl. nach Potsdam. Achtung: Der Flughafen Schönefeld liegt im Tarifbereich C.

## Auto und Straßenverkehr

### Parken

Parken in Berlin kann auf den ersten Blick kompliziert und teuer wirken. Es gibt viele Parkhäuser, die Gebühren fürs Innenstadtparken sind vergleichsweise günstig (ab 1–4 €/Std.), allerdings kann das Knöllchen für abgelaufene Parkscheine teuer werden. Auf folgendem interaktiven Stadtplan gibt es Stadtteilkarten mit Infos über kostenpflichtige und kostenfreie Parkplätze zum Download: www.berlin.de/senuvk/verkehr/politik_planung/strassen_kfz/parkraum/

Parkplatzsuche per App, SMS oder Anruf (S. 63). Münzen sollte man natürlich immer dabei haben.

## Festivals und Events

Hier nur eine Auswahl, den hauptstädtischen Veranstaltungskalender findet man unter www.berlin.de.

### Februar

**Berlinale – Internationale Filmfestspiele Berlin** Filmwettbewerb um die Goldenen Bären, auch diverse weitere Sparten.

### März

**maerzmusik** Internationales Festival für Neue Musik.

### Mai

**Theatertreffen Berlin** Leistungsschau des deutschsprachigen Theaters.

### Mai und Juni

**Karneval der Kulturen** Straßenfest, Parade und Partys mit Akteuren aus aller Welt (Pfingsten).

### Juni

**Fête de la Musique** Ein weltweites Projekt: 500 Bands aus 100 Ländern spielen am 21. Juni über die ganze Stadt verteilt und kostenfrei.

### Juni und Juli

**Volksfestsommer** Eines der größten Volksfeste Berlins (ehem. Deutsch-Französisches Volksfest), das bereits seit 1963 gefeiert wird (Mitte Juni–Mitte Juli).

**Classic Open Air** Melodien aus Oper, Operette und Musical auf dem Gendarmenmarkt (Mitte Juli).

**CSD – Christopher Street Day** Bunte Parade der Lesben, Schwulen, Bisexuellen und Transgender (Ende Juli).

### August

**Tanz im August** Internationale Tanzprojekte, Workshops und Tanzfilmnacht in diversen Locations (HAU, Berliner Festspiele, Sophiensäle etc.).

### September

**Internationales Literaturfestival** Literarisches Großereignis auch jenseits von Berlin.

**Musikfest Berlin** Veranstaltet von den Berliner Festspielen und den Berliner Philharmonikern, bringt dieses Ereignis zahlreiche Stars der internationalen orchestralen Musik auf die Bühne – ein Hörgenuss.

### Oktober

**Tag der Deutschen Einheit** Spektakuläre Party zwischen Brandenburger Tor und Rotem Rathaus.

### November

**JazzFest Berlin** Jazz als Weltmusik, auf einem der renommiertesten Festivals der Welt (Anfang Nov.).

### Dezember

**Silvesterparty am Brandenburger Tor** Größtes Silvesterevent in Deutschland.

### Unfall

Nach einem Unfall sofort anhalten, die **Unfallstelle** absichern und Erste Hilfe leisten. Bei **Personenschaden** müssen Sie zwingend die Polizei verständigen (Notruf: 112). Die **ADAC Pannenhilfe** erreichen Sie bei Fahrzeugpannen und Unfällen unter Tel. 089/20 20 40 00.

Unbedingt Kennzeichen, Name und Anschrift von Fahrern und Haltern der beteiligten Fahrzeuge sowie deren Haftpflichtversicherung und **Versicherungsnummer** notieren. Außerdem Name von (möglichst neutralen) **Unfallzeugen** festhalten und die Unfallstelle fotografieren. Unterzeichnen Sie keine Schriftstücke, deren Inhalt nicht verständlich ist. Lassen Sie sich bei Problemen vom ADAC beraten (Tel. 0 800/510 11 12).

Ihre **Schadensersatzansprüche** können Sie entweder bei der gegnerischen Versicherung oder über einen **Regulierungsbeauftragten** der Haftpflichtversicherung in Deutschland geltend machen, der Ihnen über den **Zentralruf der Autoversicherer** vermittelt wird.

**Zentralruf der Autoversicherer Auskunftsstelle / GDV**

■ Glockengießerwall 1, 20095 Hamburg, Tel. 0800/250 26 00, 040/33 44 90, www.gdv-dl.de

## Barrierefreies Reisen

Barrierefrei zugänglich für Rollstuhlfahrer sind die meisten Bahnhöfe, Hauptbahnhof, Flughäfen, Verkehrsmittel, die meisten Museen und Sehenswürdigkeiten usw.

Dazu kommen abgesenkte Bordsteine, für Rollstuhlfahrer zugängliche öffentliche (Wall City) Toiletten, auch viele Restaurants und Kneipen, Kieztouren für Rollstuhlfahrer und 1.300 öffentliche Behindertenparkplätze.

Info über spezielle App: www.visitberlin.de/de/accessberlin-app, www.visitberlin.de/de/berlin-fuer-rollstuhlfahrer-und-gehbehinderte

www.myhandicap.de

## Feiertage

1. Januar (Neujahr), 8. März (Frauentag), Karfreitag, Ostermontag, 1. Mai (Tag der Arbeit), Christi Himmelfahrt, Pfingstmontag, 3. Oktober (Tag der Dt. Einheit), 25./26. Dezember

## Fundbüros

**Zentrales Fundbüro,** Platz der Luftbrücke 6 (Tempelhof), Tel. 030/902 77 31 01, Mo, Di, Fr 9–14, Do 13–18 Uhr

**BVG-Fundbüro**, Rudolfstr. 1–8 (Friedrichshain), zentrale Tel. 030/194 49, www.bvg.de/Fundbuero (Fundanfrage auch online möglich), Mo, Di, Fr 9–18, Do 9–20 Uhr

**Fundbüro der Deutschen Bahn**, Tel. 09 00/199 05 99 (dt. Festnetz 0,59 €/ Min.), www.bahn.de

## Geld und Währung

**Banken** und **Sparkassen** sind zumeist Mo–Fr 10–16, Do bis 17.30 Uhr geöffnet.

Mit **EC- und Kreditkarten** kann man bei vielen Filialen mittels der persönlichen Geheimzahl (PIN-Code) rund um die Uhr Geld abheben. Viele Geschäfte, Hotels, Vorverkaufsstellen für Tickets und Restaurants akzeptieren ebenfalls Kreditkarten und die EC-Karte.

Wir empfehlen den **Geldumtausch** zu Hause oder bei einer deutschen Bank.

**Kosten im Urlaub**
(durchschnittliches Preisniveau)

| | |
|---|---|
| Tasse Kaffee | ca. 2–3,50 € |
| Softdrink (Limonade) | ab 2,50 € |
| Glas Bier (0,4 Liter) | ab 3,50 € |
| Glas Wein (0,2 Liter) | 3,50–6 € |
| Hauptgericht (Restaurant) | 12–15 € |
| Eintritt Staatl. Museum | ca. 8–19 € |
| Mietwagen pro Tag | ca. 45 € |
| Mietrad pro Tag | ca. 10 € |
| ÖPNV (Einzelfahrt A/B) | 2,80 € |

Im Innenteil des Reiseführers finden Sie zahlreiche **ADAC Spar-Tipps** für Ihren Berlin-Urlaub.

## Gesundheit

**Apotheken** haben in der Regel Mo–Fr 9–18, Sa 9–13 Uhr geöffnet.
**Apotheken-Notdienst**: Tel. 08 00/ 002 28 33, Mobil 228 33 (Apothekenfinder: www.akberlin.de/notdienst.html)
**Ärztlicher Bereitschaftsdienst**: Tel. 030/31 00 31
**Zahnärztlicher Notdienst**: Tel. 030/89 00 43 33
**Giftnotruf**: Tel. 030/192 40
Rufnummern für Notfälle (S. 132).

## Information

In den Tourismusbüros gibt es Stadtpläne, Veranstaltungsmagazine, Unterkunftsverzeichnisse, es werden die Berlin WelcomeCard, Tickets usw. verkauft sowie Hotels und Führungen vermittelt. Büros sind hier zu finden: Hauptbahnhof (EG), Brandenburger Tor, Alexanderplatz (Hotel Park Inn), Europa-Center, Zentraler Omnibusbahnhof, Flughafen Tegel.
Berlin Tourist Info, Tel. 030/25 00 23 33, www.visitberlin.de; Tourist-Information Berlin-Brandenburg, Flughafen Schönefeld, Terminal A, EG, Tel. 03 31/200 47 47; Potsdam Tourismus Service, Tel. 03 31/27 55 88 99, www.potsdamtourismus.de
**Berlin im Internet:**
www.berlin.de, www.museumsportal-berlin.de, www.tip-berlin.de, www.berlin.prinz.de, www.zitty.de, www.berlin030.de

## Klima und beste Reisezeit

Im Sommer durchschnittlich 22–23 °C, es kann aber auch wärmer werden, wie in den Rekordsommern 2015–2019 mit bis zu 39 Grad und schweren Unwettern; im Winter etwa 2–3 °C, was aber oft als kälter empfunden wird. Niederschläge fallen gleichmäßig, doch nicht sehr viel.
In Berlin ist das ganze Jahr über viel los, es gibt keine bevorzugte Reisezeit.

**Klimatabelle Berlin**

| Monat | Luft (°C) (min./ max.) | Sonne (h/Tag) | Regentage |
|---|---|---|---|
| Jan. | -3/2 | 2 | 10 |
| Feb. | -2/4 | 3 | 9 |
| März | 0/8 | 4 | 8 |
| April | 4/13 | 5 | 9 |
| Mai | 8/19 | 7 | 10 |
| Juni | 11/22 | 7 | 10 |
| Juli | 13/23 | 7 | 9 |
| Aug. | 12/23 | 7 | 9 |
| Sept. | 9/19 | 5 | 9 |
| Okt. | 6/13 | 4 | 8 |
| Nov. | 2/7 | 2 | 10 |
| Dez. | -1/3 | 1 | 11 |

### Kultur und Tickets

Das Berliner Kulturangebot ist Weltklasse – ob Philharmoniker oder der deutsche Ableger des Lollapalooza-Rock-Festivals (www.lollapaloozade.com). Liebhaber von Oper und klassischen alten Meistern kommen Unter den Linden, auf der Museumsinsel und im Kulturforum sowie beim Schloss Charlottenburg auf ihre Kosten. Wer Galerie-Hopping betreiben will, besucht das alte Scheunenviertel in Berlin-Mitte. Berühmte Theaterstätten finden sich rund um die Friedrichstraße und den Kurfürstendamm, Tanz- oder Improvisationstheater beispielsweise in Kreuzberg. Nicht zu vergessen: Sanssouci in Potsdam.

Adressen zu vielen Bühnen und Shows finden Sie jeweils am Kapitelende unter der Überschrift »Am Abend«.

**Vorverkaufsstellen**:

**www.berlin-buehnen.de**, gemeinsames Portal zahlreicher Berliner Theater: Programm und Kartenvorverkauf.

**visitBerlin**, Buchungshotline Tel. 030/25 00 23 33, www.visitberlin.de

**Hekticket**, Hardenbergplatz 1 und Alexanderstr. 1, Tel. 030/230 99 30, www.hekticket.de

**KoKa Konzertkasse**, Oranienstr. 29, Tel. 030/61 10 13 13, www.koka36.de

**Stage Entertainment**, Tel. 01805/44 44 (0,14 €/Min., mobil mehr), www.stage-entertainment.de

### Märkte und Flohmärkte

Im Winter sollte man die Berliner **Winter- und Weihnachtsmärkte** besuchen: von Riesenrad-Rummel (Alexanderplatz) über Öko (Kollwitzplatz) bis Märchenlesung (Jagschloss Grunewald). Beliebt sind die Märkte am Breitscheidplatz (international), Opernpalais (nostalgisch), in der KulturBrauerei (skandinavisch-nordisch, S. 70) und in der Altstadt Spandau (S. 112). Im Sony Center locken Lichtfiguren und eine Eis- und Rodelbahn, in Rixdorf in Neukölln wird Holzspielzeug und Selbstgemachtes verkauft, am Gendarmenmarkt zahlt man Eintritt (1 €) und kann Kunsthandwerkern zuschauen (S. 28). Eine gute Übersicht: www.weihnachteninberlin.de

Ganzjährig gibt es die 250 Berliner Wochenmärkte, am bekanntesten sind der **Türkenmarkt** (S. 82), der **Winterfeldtmarkt** am Schöneberger Winterfeldtplatz (winterfeldtplatz.winterfeldt-markt.de, Mi 8–14, Sa 8–16 Uhr) und der **Ökomarkt** am Kollwitzplatz (www.grueneliga-berlin.de, Do 12–19 Uhr) in Prenzlauer Berg. Unter den Flohmärk-

## ADAC Spartipp

Folgende Touristentickets sind erhältlich bei allen Berlin Tourist Infos, in Hotels, an Fahrkartenautomaten oder als Online-Ticket:

**Berlin WelcomeCard** (www.berlin-welcomecard.de, ca. 20–43 €): Fahrkarte für Tarifbereich AB oder ABC für einen Erwachsenen und bis zu drei Kinder (bis 14 J.), gültig 2–6 Tage, Rabatte (bis 50 %) bei ca. 200 Sehenswürdigkeiten. Eine lohnenswerte 3-Tages-Variante ist inkl. Museumsinsel (46 €).

**CityTourCard** (www.citytourcard.com, ca. 17–38,50 €): Fahrkarte für Tarifbereich AB oder ABC für einen Erwachsenen und bis zu drei Kinder (bis 14 J.), gültig 2–6 Tage, Rabatte (meist 25 %) bei zehn Top-Attraktionen.

ten lohnen: der **Trödelmarkt** mit Kunst- und Kunsthandwerk an der Straße des 17. Juni (www.berlinertroedelmarkt.de, Sa/So 10–17 Uhr – hart verhandeln!), der **Berliner Kunst- und Nostalgiemarkt** (Am Zeughaus, Museumsinsel, www.kunstmarkt-berlin.com, Sa/So 11–17 Uhr) und der recht überlaufene und touristische **Flohmarkt** am Mauerpark (Bernauer Straße, www.flohmarktimmauerpark.de, So 9–18 Uhr) in Prenzlauer Berg.

## Nachtleben

Ob »Lange Nacht der Museen«, Filmfestspiele oder Theatertreffen, Oper oder Open-Air-Kino, Rooftop- oder Partyhopping, Rockmusik, Rap oder Schlager – Berlins Nachtleben ist vielseitig und bunt. Sperrstunden sind unbekannt. Fürs Partyvolk ist neben Prenzlauer Berg und Kreuzberg-Friedrichshain jetzt auch die Nord-Neuköllner Gegend im Reuter-Kiez (Reuter- und Weserstraße). angesagt. Aber auch die beiden »alten« Teile Kreuzbergs (»36« um die Oranienstraße und »61« um die Bergmannstraße) sind trendige Ausgehzonen mit Imbissen, Restaurants und Bars. In den alten West-Berliner Bezirken wie Charlottenburg und Schöneberg geht es etwas gediegener zu. Adressen zu Bars und Club finden Sie jeweils am Kapitelende unter der Überschrift »Am Abend«.

## Notfall

**EU-weiter Notruf:**
112 (Polizei, Unfallrettung, Feuerwehr)
**ADAC Infoservice:**
Tel. 0 800/510 11 12 (gebührenfrei, Mo–Sa 8–20 Uhr)
**ADAC Stauinfo:**
Mobil: 224 99 (Verbindungskosten je nach Netzbetreiber/Provider)
**ADAC Verkehrsservice:**
Mobil: 224 11 (Verbindungskosten je nach Netzbetreiber/Provider)
**ADAC Pannenhilfe Deutschland:**
Tel. 089/20 20 4000
**Sperrnotruf für EC- und Kreditkarten:**
Tel. +49/11 61 16, Mobil: 11 61 16, www.sperr-notruf.de, Kontonummer, Bankleitzahl bzw. IBAN angeben

## Öffnungszeiten

Geschäfte und Kaufhäuser haben unterschiedliche Öffnungszeiten, in der Regel **Kaufhäuser** Mo–Sa von 10–20 bzw. 21/22 Uhr, so auch die Shopping-Arkaden. Die »**Spätis**« mit Lebensmitteln, Alkohol, Tabak usw. sind fast rund um die Uhr geöffnet. Aber auch viele Supermärkte öffnen Mo–Sa bis 22 oder sogar 24 Uhr.
Viele Läden und (Mode-) Shops findet man im **Hauptbahnhof Berlin** (meist ca. 8–21/22 Uhr, Sonntagsshopping an acht festen Terminen pro Jahr, meist zu internationalen Veranstaltungen: www.berlin.de, Stichwort »verkaufsoffen«.
**Museen** sind meist Mo geschlossen, viele haben aber täglich geöffnet, einige Museen haben ihren wöchentlichen Schließtag auf Di verlegt.

## Post

Mo–Fr 8–18, Sa 8–13 Uhr. Längere Öffnungszeiten in einzelnen Filialen, Mo–Fr 6–22, Sa, So 8–22 Uhr.

## Rauchen und Alkohol

Es gilt Rauchverbot in allen öffentlichen Gebäuden, im ÖPNV (auch offene Bahnsteige) und in den meisten Restaurants, die jedoch gelegentlich ein Raucherzimmer/-bereich anbieten. In der Praxis wird in vielen Clubs und Bars weitergeraucht. Mehr als 1000 Kneipen sind explizite Raucherkneipen und weisen per Schild darauf hin, ganz zu schweigen von den unzähligen Shisha-Bars.

## Sicherheit

Wie in jeder Großstadt sollte man sich in Acht nehmen vor Taschendieben, Trickbetrügern und »Antänzern« (v. a. in öffentlichen Verkehrsmitteln und auf Bahnhöfen, insbes. U-Bhf. Warschauer Straße, Märkten, in Einkaufspassagen und bei Veranstaltungen). Die Taschendiebstahlzahlen in Berlin sind in den letzten Jahren dramatisch gestiegen. Die beliebtesten Tricks: Rempel-, Drängel-, Stadtplan-, Geldwechsel-, Ketchup-/Verschmutzer- und der PIN-Ausspäh-Trick am Geldautomaten. Besonders in Szene-Bezirken ist im Umgang mit Handtaschen, Handys und Geldbörsen Vorsicht geboten (z. B. RAW-Gelände). Handtaschen lieber quer umhängen und Rucksäcke vor dem Bauch tragen. Info: www.polizei-beratung.de/startseite-und-aktionen

## Sport

In Berlin finden zahlreiche nationale und internationale sportliche Großereignisse statt, darunter im Sommer das DFB-Pokalfinale (www.dfb.de, www.pokalfinale-berlin.de, www.berliner-fussball.de, www.hertha.de) im Herren-Fußball sowie im Herbst das Internationale Stadionfest ISTAF (www.istaf.de) für Leichtathleten.

### Eissport

Es gibt Eisflächen auf den Weihnachtsmärkten am Potsdamer Platz, Neptunbrunnen und Alexanderplatz. Über Eisstadien verfügen die Stadtbezirke Neukölln (Oderstr. 182), Wedding (Müllerstr. 185), Wilmersdorf sowie Charlottenburg mit der Eissporthalle (Glockenturmstr. 14), außerdem eine Rodelbahn am Teufelsberg. Infos: www.eissport-berlin.de

### Joggen

Es läuft sich gut im Tiergarten, Schlosspark Charlottenburg und in allen Stadtparks. Passionierte Läufer aus aller Welt starten jedes Jahr beim Berlin-Marathon (www.bmw-berlin-marathon.com).

### Radfahren

Es gibt ein gut ausgebautes Radwegenetz mit insgesamt 590 km. Übersichtskarten und GPS-Tracks für Radrouten durch Berlin unter: www.berlin.de, Stichwort »Fahrrad«

### Wassersport und Bootsverleih

Wer will, kann im Urlaub auch selbst Boot fahren oder seinen Binnen-Segelschein machen. Infos:

**Marina Lanke Berlin**, Scharfe Lanke 109–131 (Spandau), Tel. 030/362 00 90, www.marina-lanke.de (Vermietung von Jachten, Motor- und Hausbooten, Segel- und Motorbootschule).

**Minigolf und Bootsvermietung Mühl,** Nördliche Greenwichpromenade an der Tegeler Hafenbrücke (Tegel), Tel. 030/12 07 49 94, www.bootsvermietung-tegel.de.

**Segelschule Berlin**, Friederikestr. 24 (Tegel), Tel. 030/431 11 71, www.segelschule-berlin.de (Segel- und Sportbootkurse sowie Bootsverleih).

## Stadtbesichtigung

### Berlin aus der Luft

Berlin aus der Vogelperspektive sieht man z. B. mit dem Heißluftballon. Infos: **Air Service Berlin**, Flughafen Berlin-Schönefeld, Terminal C, Tel. 030/ 53 21 53 21, www.air-service-berlin.de

### Stadttouren

**Ariadne**, Mobil 0179/151 32 20, www.ariadne-berlin.de. Exklusive Führungen durch die Staatlichen Museen Preußischer Kulturbesitz.

**art:berlin**, Bessemerstr. 22 (Schöneberg), www.artberlin-online.de. Mode- und Bauhaus-Touren sowie Kiezführungen.

**Berlin on Bike**, Tel. 030/43 73 99 99, www.berlinonbike.de. Viele Thementouren.

**Berliner Unterwelten**, www.berliner-unterwelten.de. Bunker und Tunnel.

**GoArt!**, Tel. 030/30 87 36 26, www.goart-berlin.de. Führungen und Touren für Kunst- und Kulturinteressierte.

**KulturBüro Berlin**, Malmöer Str. 6 (Prenzlauer Berg), www.stadtverfuehrung.de. Stadtgeschichte, Kunst und Architektur.

**Postdam per Pedales**, Tel. 03 31/ 748 00 57, www.potsdam-per-pedales.de. Radverleih, Rad- und Kajaktouren.

**StattReisen Berlin**, Liebenwalder Str. 35 a (Wedding), Tel. 030/455 30 28, www.stattreisenberlin.de. Stadtspaziergänge zu diversen Themen.

**Ticket B**, Frankfurter Tor 1 (Friedrichshain), Tel. 030/420 26 96 20, www.ticket-b.de. Stadtführungen von Architekten, »Sehfahrten« mit Solarboot.

**Trabi Safari**, Zimmerstr. 97/Ecke Wilhelmstr. (Mitte), www.trabi-safari.de. Eine Stadtführung erleben und dabei selber »Rennpappe« fahren.

### Stadtrundfahrten

Stationen der **Hop-on-Hop-off-Busse** sind Ku'damm/Meinekestraße, Tauentzienstraße am KaDeWe und am Alex hinter dem Park Inn. Weitere Haltestellen liegen entlang den Routen.

**Berlin City Tour**, Tel. 030/70 17 12 50, www.berlin-city-tour.de. Berlin und Potsdam in Doppeldeckerbussen.

**City Circle** in gelben Bussen und in der Regel auch Potsdam-Touren bieten:

**Berolina Sightseeing**, Tel. 030/88 56 80 30, www.sightseeing-berlin.com

**BEX Sightseeing**, Kurfürstendamm 216, Tel. 030/880 41 90, www.bex.de

Besonders günstig kann man die Stadt mit dem **Bus 100** besichtigen (S. 26). Der **Bus 200** fährt ab Zoo nach Prenzlauer Berg über Potsdamer Platz und Alexanderplatz, die **Tram M1** von Friedrichstraße nach Prenzlauer Berg.

### Schiffsrundfahrten

**Reederei Riedel**, Tel. 030/67 96 14 70, www.reederei-riedel.de. Start u. a. ab Hansabrücke, Märkisches Ufer, Moltkebrücke, Corneliusbrücke, Haus der Kulturen der Welt und Kottbusser Brücke.

**Stern- und Kreisschifffahrt**, Tel. 030/ 536 36 00, www.sternundkreis.de. Von/ nach Treptow, Charlottenburg, Tegel, Köpenick und über den Großen Müggelsee bis zur Woltersdorfer Schleuse.

**Potsdamer Wassertaxi**, Tel. 0331/275 92 10, www.potsdamer-wassertaxi.de. Verkehrt zwischen Park Glienicke und Strandbad Templin, hält u.a. am Park Babelsberg, nahe Schloss Cecilienhof, am Hbf. Potsdam und nahe Sanssouci.

## Telefon und Internet

Mehr als 600 Hotspots kostenlos, unbegrenzt und ohne Anmeldung fast überall (ÖPNV, Cafés usw.) in der Stadt.

## Unterkunft und Hotels

### Hotels und Pensionen

Es gibt rund 800 Hotels, Pensionen, Hostels und einfache Familienpensionen mit rund 140 000 Betten. Infos zum Hotelangebot in den einzelnen Stadtteilen mit **Preiskategorien** finden Sie am Ende jedes Kapitels (S. 45, 59, 73, 95, 109).

### Jugendherbergen

Die drei Berliner Jugendherbergen (und eine weitere in Potsdam) sind beliebt und schnell ausgebucht (Service-Center: Tel. 030/264 95 20, www.djh-berlin-brandenburg.de).

### Camping

Eine gute Auswahl geprüfter Plätze für den Berlin-Besuch bieten ADAC Campingführer und ADAC Stellplatzführer (adac.de/campingfuehrer). Die Inhalte gibt es auch als App für iPhone, iPad und Android in Appstores von Apple und Google.

## Verkehrsmittel in der Stadt

### Öffentliche Verkehrsmittel

Die Berliner Verkehrsbetriebe (BVG) mit U-Bahn, Bus, Trambahn und die S-Bahn Berlin bilden ein gemeinsames Verkehrsnetz (Plan s. hintere Umschlagklappe). Beide gehören dem Verkehrsverbund Berlin-Brandenburg (VBB) an, ebenso wie der Verkehrsbetrieb Potsdam GmbH (ViP) mit Bussen und Straßenbahnen.

- BVG, Tel. 030/194 49, www.bvg.de
- S-Bahn Berlin, Tel. 030/29 74 33 33, www.s-bahn-berlin.de
- Verkehrsbetrieb Potsdam (ViP), Tel. 03 31/661 42 75, www.vip-potsdam.de
- VBB, Tel. 030/25 41 41 41, www.vbb.de

**Fahrscheine** gibt es an Automaten (ab 2,80 €, am Bahnsteig oder im Bus/Tram entwerten!) oder beim Busfahrer. Einzeltickets für den Tarifbereich AB, BC oder ABC gelten jeweils 2 Std. für Fahrten in eine Richtung. Der Flughafen Schönefeld liegt im Bereich C. Kurzstreckentickets (1,70 €) gelten für max. drei U- bzw. S-Bahn-Stationen (mit Umstieg) oder für max. sechs Bus- oder Tramstationen (ohne Umstieg), im Tarifbereich C nur für die S-Bahn. Gut zu wissen: Tageskarten (7 €) lohnen bereits ab drei Fahrten.

### Fahrrad

Regulärer Verleih über diverse Fahrradstationen, z. B. **Radwelt**, Warschauer Str. 31 und Leipziger Str. 56, www.radwelt.berlin, oder **Fahrradstation**, Dorotheenstr. 30 und Auguststr. 29 a (alle Mitte), Tel. 0180/510 80 00 (14 ct/Min.), www.fahrradstation.de.
Außerdem innerhalb des S-Bahn-Rings per Mobilphone-App und nach Anmeldung zu mieten (inkl. Scan für QR-Code und Schloss-Code): www.lidl-bike.de, www.callabike-interaktiv.de, www.deezernextbike.de

### Mietwagen und Carsharing

Für Mitglieder bietet die ADAC Autovermietung günstige Konditionen an. Buchungen über adac.de/autovermietung, die ADAC Geschäftsstellen oder unter Tel. 089/76 76 20 99. Im Stadtgebiet finden sich alle großen Autovermieter.
Auch Car2go und DriveNow sind innerhalb des S-Bahn-Rings mit zahlreichen Autos vertreten.

- www.car2go.com, Servicehotline Tel. 030/233 40 110 (Festnetztarif)
- www.drive-now.com, Servicehotline Tel. 089/20 18 02 80

# Die Geschichte Berlins

**6./7. Jh. n. Chr.** Besiedlung durch westslawische Stämme

**1307** Vereinigung von Cölln und Berlin

**1415** Friedrich IV. von Hohenzollern wird zum Kurfürst Friedrich I. von Brandenburg

**1640–88** Der »Große Kurfürst« Friedrich Wilhelm gibt Impulse für den Aufstieg Brandenburg-Preußens

**1713–40** Regierungszeit von König Friedrich Wilhelm I.

**1740–86** Friedrich II., macht Preußen zur Großmacht und zum Zentrum der Aufklärung, Kultur und Wissenschaft

**1806–08** Napoleon besetzt Berlin

**1870/71** Deutsch-Französischer Krieg

**1871** Preußens König Wilhelm I. wird zum Deutschen Kaiser proklamiert. Bismarck erhält das Amt des Reichskanzlers (bis 1890). Berlin wird Hauptstadt des neuen Deutschen Reiches

**1918** 9. November: Der Sozialdemokrat Philipp Scheidemann ruft vom Reichstag die Republik aus. – 10. November: Kaiser Wilhelm II. dankt ab

**1929** Weltwirtschaftskrise (600 000 Arbeitslose)

**1933** 30. Januar: Machtergreifung Adolf Hitlers. – Februar: Reichstagsbrand

**1938** 9./10. November: In der Reichspogromnacht zerstören Nationalsozialisten die Berliner Synagogen

**1939** Beginn des Zweiten Weltkriegs

**1945** 30. April: Selbstmord Hitlers. – 8. Mai: Kapitulation der deutschen Wehrmacht. Im Juni wird die in vier Sektoren geteilte Stadt Sitz des Alliierten Kontrollrates

**1948/49** Sowjetische Blockade West-Berlins und Luftbrücke der Alliierten. – 7. Oktober: Gründung der DDR mit Ost-Berlin als Hauptstadt

**1961** 13. August: Beginn des Mauerbaus vonseiten der DDR

**1963** Besuch von US-Präsident John F. Kennedy in West-Berlin

**1989** 7. November: Rücktritt der DDR-Regierung. – 9. November: Die Mauer wird geöffnet

**1990** 3. Oktober: Auflösung der DDR durch Beitritt zur Bundesrepublik

**1991** 20. Juni: Der Deutsche Bundestag in Bonn beschließt, dass Berlin wieder die deutsche Hauptstadt sein wird

**1999** Umzug von Bundesregierung und Parlament nach Berlin

**2013** Erneute Verschiebung des Eröffnungstermins für den Flughafen BER

**2016** Ein islamistischer Attentäter rast im Dezember mit einem LKW auf den Weihnachtsmarkt am Breitscheidplatz: 11 Tote, 55 Verletzte

**2019** Im Juli feierliche Eröffnung der James-Simon-Galerie von Stararchitekt David Chipperfield als zentraler neuer Eingang für die Museumsinsel

*Menschenmassen aus Ost und West feiern am 10. November 1989 gemeinsam den Fall der Berliner Mauer*

## Alle Blickpunkt-Themen in diesem Band:



# Register

## Bildnachweis

**Titel:** Reichstag, Berlin
Foto: **stock.adobe.com** (frank peters)

**AWL Images:** Sabine Lubenow 4/5, 62, 83, 144; Francesco Iacobelli 8/9 – **Deutsches Technikmuseum** 13.2, 87 – **dpa Picture-Alliance:** Eventpress Hoensch 13.3 – **Friedrichstadtpalast:** Robert Grischek 10.2 – **Getty Images:** Jorg Greuel 97.2; Sylvain Sonnet/Collection: Photographer's Choice 21 – **Huber Images:** Günter Gräfenhain 107; Lubenow 98/99 – **imago:** Future Image 6.3, 128 – **Jahreszeiten Verlag:** Lukas Spörl 51; Philip Koschel 6.1, 11.1, 11.2, 18, 47.1, 61.1, 76, 78, 93, 111.1 – **laif:** Amin Akhtar 12.1, 86; Dagmar Schwelle 68, 75, 112; Gerhard Westrich 91; Michael Danner 95; Milan SZYPURA/HAYTHAM-REA 47.2; Paul Langrock/Zenit 47.3; Rene Mattes/hemis.fr 54/55; Thomas Grabka 30; Yadid Levy/robertharding 32/33 – **look-foto:** Elan Fleisher 103, 97.3; H. & D. Zielske 61.2; Roetting+Pollex 10.1, 37; S. Lubenow 7, 48 – **mauritius images:** Anna Stowe Travel/Alamy 38; creativep/Alamy 109; EQRoy/Alamy 111.3, 114; Folio Images RF/Werner Nystrand 17, 41, Kl.v.; Iain Masterton/Alamy 31, 43; imageBROKER/Christian Reister 89; imageBROKER/Julie Woodhouse 23; imageBROKER/Kohls 85; imageBROKER/Lothar Steiner 13.1; M.Flynn/Alamy 97.4; Novarc/Christian Reister 61.3, 65, 71; United Archives 42 – picture alliance: AP Images 136; dpa 73 – **Seasons Agency:** GourmetPictureGuide 45, 59; Gräfe & Unzer Verlag/M. Zanin 6.2 – **Shutterstock.com:** 360b 102; Antonshutterstock 25; anya-ivanova 79; canadastock 5.2, 27; Cineberg 40; elxeneize; Flik47 12.3; hbpictures 29; Kiev.Victor 11.3; paul prescott 97.1; Stavros Argyropoulos 12.2; WorldWide 81 – **Stiftung Preußische Schlösser und Gärten Berlin-Brandenburg:** Daniel Lindner 119; Hans Bach 104; Leo Seidel 120/121 – **stock.adobe.com:** ArTo 92; BRN-Pixel 111.2, 117; Claudio Divizia 50; JFL Photography 14/15; philipk76 9; Pixelshop 5.1; till beck 67

**Herausgeber:** GRÄFE UND UNZER VERLAG GmbH, Postfach 86 03 66, 81630 München
**Leitender Redakteur:** Benjamin Happel
**Autorinnen:** Martina Miethig (www.martina-miethig.com), Ulrike Krause
**Verlagsredaktion:** Gernot Schnedlitz, Silke Tauscher, Nadia Terbrack;
Mitarbeit: Viola Rudershausen
**Redaktion:** Katja Tegler
**Satz:** Mediendesign Anne Tegler, Berlin
**Bildredaktion:** Dr. Nafsika Mylona
**Reihengestaltung:** Independent Medien Design, Horst Moser, München;
Eva Stadler, München
**Kartografie:** Huber Kartographie GmbH, www.kartographie.de;
Kunth Verlag GmbH & Co. KG, München
**Herstellung:** Mendy Willerich
**Druck und Bindung:** Drukarnia Dimograf Sp z o.o. (Polen)



GRÄFE UND UNZER

*Ein Unternehmen der*
GANSKE VERLAGSGRUPPE

ISBN 978-3-95689-702-3
1. Auflage 2020



**LESERSERVICE**
adac@graefe-und-unzer.de
Tel. 00800/72 37 33 33 (gebührenfrei in D, A, CH)
Mo–Do: 9–17 Uhr, Fr: 9–16 Uhr



Aus Gründen der besseren Lesbarkeit wird in diesem Buch bei Personenbezeichnungen das generische Maskulinum verwendet. Es gilt gleichermaßen für alle Geschlechter.